(b) 不定冠詞や不定冠詞類が付く場合

	m.	*f.*	*n.*	*pl.*
1格	ein　guter Hut	eine gut*e* Hose	ein　gutes Hemd	meine gut*en* Jacken
2格	ein*es* gut*en* Hutes	einer gut*en* Hose	ein*es* gut*en* Hemdes	meiner gut*en* Jacken
3格	einem gut*en* Hut	einer gut*en* Hose	einem gut*en* Hemd	meinen gut*en* Jacken
4格	einen gut*en* Hut	eine gut*e* Hose	ein　gutes Hemd	meine gut*en* Jacken

(c) 無冠詞の場合

	m.	*f.*	*n.*	*pl.*
1格	guter　Käse	gute Butter	gutes Brot	gute Würste
2格	gut*en*　Käses	guter Butter	gut*en* Brotes	guter Würste
3格	gutem Käse	guter Butter	gutem Brot	guten Würsten
4格	guten　Käse	gute Butter	gutes Brot	gute Würste

形容詞の名詞化

	m.	*f.*	*n.*	*pl.*
1格	der　Deutsch*e*	die Deutsch*e*	das Gut*e*	die Deutcsh*en*
2格	des　Deutsch*en*	der Deutsch*en*	des Gut*en*	der Deutsch*en*
3格	dem Deutsch*en*	der Deutsch*en*	dem Gut*en*	den Deutsch*en*
4格	den　Deutsch*en*	die Deutsch*e*	das Gut*e*	die Deutsch*en*

	m.	*f.*	*n.*	*pl.*
1格	ein　Deutscher	eine Deutsch*e*	ein　Gutes	Deutsche
2格	ein*es* Deutsch*en*	einer Deutsch*en*	ein*es* Gut*en*	Deutscher
3格	einem Deutsch*en*	einer Deutsch*en*	einem Gut*en*	Deutschen
4格	ein*en* Deutsch*en*	eine Deutsch*e*	ein　Gutes	Deutsche

関係代名詞、指示代名詞

	m.	*f.*	*n.*	*pl.*
1格	der	die	das	die
2格	dessen	deren	dessen	deren, derer*
3格	dem	der	dem	denen
4格	den	die	das	die

＊dererは関係代名詞としては用いない。関係代名詞の先行詞として用いられる指示代名詞。

不定代名詞

	m.	*f.*	*n.*	*pl.*		*m.*	*f.*	*n.*	*pl.*
1格	man, einer	eine	ein[e]s	welche		keiner	keine	kein[e]s	keine
2格	eines	einer	eines	welcher		keines	keiner	keines	keiner
3格	einem	einer	einem	welchen		keinem	keiner	keinem	keinen
4格	einen	eine	ein[e]s	welche		keinen	keine	kein[e]s	keine

・meiner「私のもの」なども同じ語尾変化をする。

前置詞

2格支配： statt, trotz, während, wegen

3格支配： aus, bei, mit, nach, seit, von, zu

4格支配： durch, für, gegen, ohne, um

3・4格支配：an, auf, hinter, in, neben, über, unter, vor, zwischen

ドイツ語圏略地図 （■ はドイツ語使用地域）

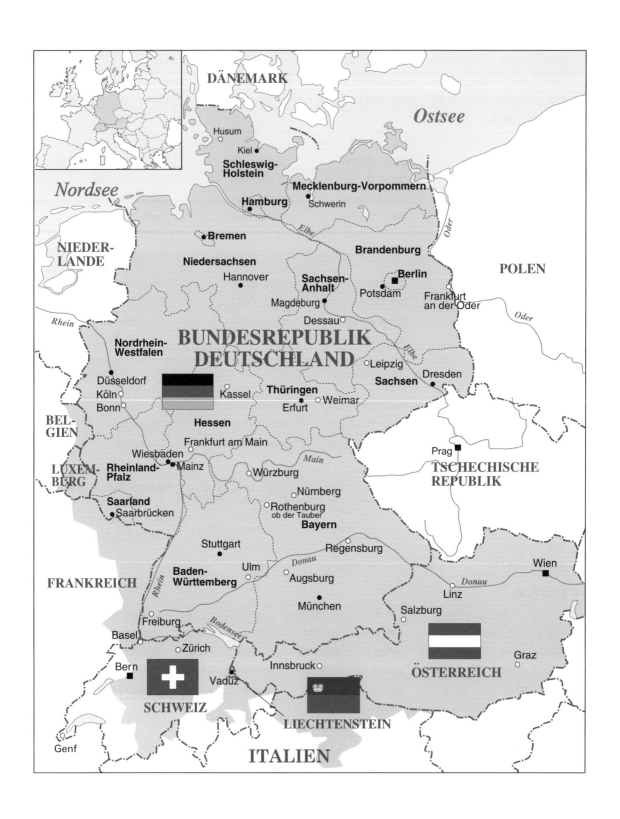

Flügel

Deutsche Grammatik für
Niveau A1 (+ A2 u. B1)

Shota Shimizu
Satoru Shimazaki
Morio Obara

Auf Flügeln durch die deutsche Sprachlandschaft.

ASAHI Verlag

表紙デザイン：大下賢一郎
本文イラスト：清水翔太
本文デザイン：明昌堂
写真提供　　：清水翔太、小原森生、Shutterstock.com

ま え が き

　CEFRは表現の内容にもとづいてレベルを分けるので、文法の難易度を問題にしません。そのため、A1レベルの表現でも、複雑な文法を前提にしていることがよくあります。CEFR向けの教科書がしばしば文法をあまり考慮せず、文型のパターンや語彙を重視した作りになるのはそのためです。しかし、そのように文法を気にせずに文型や単語を覚えるのは必ずしも容易なことではありません。特に知的好奇心に満ちた学習者であれば、文の成り立ち、作り方が大いに気になることでしょう。そうしたフラストレーションを抱えずに、できるだけCEFRに対応することはできないかという考えからこの教科書は生まれました。

　この教科書では、ドイツで出版されているいくつかのCEFRレベルに合わせた文法の教科書にもとづいて文法項目のレベル分けを行っています。厳密に言えばこのレベル分けはCEFRに対応してはいません。しかし、A1レベルの表現をするためにはこの程度の文法を知っておく必要があるという基準はおおよそ有効だと思われます。

　本書で教える文法は基本的にA1レベルと見なされるものです。ただし、一通りの文法を全般的に習得することを念頭に置いているため、一部にはA2レベルやB1レベルの文法項目も練習する形になっています。A1レベルが基本なので、何もレベル表示がない文法項目はすべてA1レベルと考えて下さい。A1レベルではない項目には、 A2レベル や B1レベル のようなラベルが付されています。（ただし、12課のように、ほとんどがA2もしくはB1レベルで、その一部だけがA1レベルの場合には A1レベル という表示がされています。）授業ではそのようなレベル分けにもとづき、A1でない文法項目は後回しにすることもできますし、レベルに応じて教え方に強弱をつけることもできるかと思います。

　この教科書のタイトルの「フリューゲル」は「翼」を意味します。このタイトルには、この教科書を通してドイツ語やヨーロッパの文化に対して視野を広げるための「翼」を持ってもらいたいという願いが込められています。しかし「フリューゲル」の意味は「翼」だけではありません。この語には「両開きの扉」や「（建物の）そで」、「（政党の）派」や「グランドピアノ」といった様々な意味があります。すべて「翼」から派生して出てきた意味です。なぜドイツ語の「翼」は「グランドピアノ」を意味するのか、どうして日本語の「翼」にはその意味はないのかといったような言葉の不思議にも関心を持ってドイツ語を学んでもらえれば、それは私たち執筆者にとって望外の幸せです。

2021年9月　仙台にて
執筆者一同

目次

アルファベート（Alphabet） ◀02

A	a	[a]	アー	P	p	[pe]	ペー	
B	b	[be]	ベー	Q	q	[ku]	クー	
C	c	[tse]	ツェー	R	r	[ɛr]	エル	
D	d	[de]	デー	S	s	[ɛs]	エス	
E	e	[e]	エー	T	t	[te]	テー	
F	f	[ɛf]	エフ	U	u	[u]	ウー	
G	g	[ge]	ゲー	V	v	[faʊ]	ファオ	
H	h	[ha]	ハー	W	w	[ve]	ヴェー	
I	i	[i]	イー	X	x	[ɪks]	イクス	
J	j	[jɔt]	ヨット	Y	y	[ýpsilɔn]	ユプスィロン	
K	k	[ka]	カー	Z	z	[tsɛt]	ツェット	
L	l	[ɛl]	エル	Ä	ä	[ɛ]	エー（アー・ウムラオト）	
M	m	[ɛm]	エム	Ö	ö	[ø]	エー（オー・ウムラオト）	
N	n	[ɛn]	エン	Ü	ü	[y]	ユー（ウー・ウムラオト）	
O	o	[o]	オー		ß	[ɛs-tsɛt]	エスツェット	

✎ 練習 次の略語を発音しなさい。　◀03

(1) AG　　　　　　　　DDR　　　　　　　BRD
(2) BMW　　　　　　　VW
(3) CDU　　　　　　　SPD
(4) ÖBB
(5) EU　　　　　　　　USA
(6) CD　　　　　　　　PC　　　　　　　　DVD

✎ 練習 自分の名前のつづりをドイツ語のアルファベートで言いなさい。

ドイツ語の発音（Aussprache）

◀04
●基本的にはローマ字読み。
●基本的に最初の母音を強く発音する。

　例：　Regen　　　　　レーゲン

　例外：外来語など（Idee、Elefant）
●強く発音される母音（アクセントのある母音）は、後ろに子音字が一箇以下のときには長く伸ばして読む。
　二箇以上あるときは短く読む。

　例：　Bibel　　　　　　　　　　　　Bitte

◀05

綴り	発音記号	読み方	例	例の発音	意味
ä	[ɛ]	エ	Ärmel	エルメル	袖
	[ɛ:]	エー	Dänemark		デンマーク
ö	[œ]	エ	Röntgen		レントゲン
	[ø:]	エー	Öl		油
ü	[ʏ]	ユ	Hütte		小屋
	[y:]	ユー	üben		練習する
ei	[aɪ]	アイ	Meile		マイル
ie	[i:]	イー	nie		決して～ない
	[iə]	イエ（外来語で）	Familie		家族
eu äu	[ɔʏ]	オイ	neu		新しい
			Bäume		木（複数形）
au	[aʊ]	アオ	Auge		目
母音+h	[:]	母音が長音化	kühn		勇敢な
-er	[ɐ]	（2音節以上の最終音節末で） アァ	aber		しかし
			Kinder		子供（複数形）
er	[ɛɐ]	（1音節や接頭辞で）エァ	der		（定冠詞）
			erfahren		経験する
-r	[ɐ]	（語末で）ア	mir		私に
-ar	[a:r]	アール	klar		明らかな

			Dach		屋根
ch	[x]	（a,o,u,auの後） ハ、ホ、フ	Koch		料理人
			Buch		本
			Bauch		おなか
	[ç]	（それ以外）ヒ	ich		私は
			Märchen		童話
chs	[ks]	クス	Fuchs		きつね
s	[z]	（母音の前で濁る）ズ	sagen		言う
sch	[ʃ]	シュ	Schach		チェス、将棋
st-	[ʃt]	（語頭で）シュト	Student		大学生
sp-	[ʃp]	（語頭で）シュプ	Spiel		遊び
ss ß	[s]	ス	Fluss		川
			Straße		通り
tsch	[tʃ]	チュ	deutsch		ドイツの
th	[t]	ト	Thomas		（人名）
-b	[p]	（音節末で）プ	Korb		かご
-d	[t]	（音節末で）ト	Hund		犬
-g	[k]	（音節末で）ク	Tag		日、昼
-ig	[iç]	イヒ	lustig		楽しい
-ng	[ŋ]	ング	Bildung		教育
j	[j]	ユ	Juni		7月
v	[f]	フ	Vater		父
w	[v]	ヴ	Woche		週
z	[ts]	ツ	Zahn		歯
tz	[ts]	ツ	Satz		文
pf	[pf]	プフ	Apfel		りんご
ph	[f]	フ	Philosophie		哲学
qu-	[kv]	クヴ	Qualität		質
x	[ks]	クス	Examen		試験

挨拶 🔊06

Guten Morgen!

Guten Tag!

Guten Abend!

Hallo!

Gute Nacht!

Danke schön!

Bitte schön!

Wie geht es Ihnen? - Danke, gut.

Wie geht's dir? - Ach, nicht schlecht.

Auf Wiedersehen!

Tschüs! / Tschüss!

数詞（基数）　（序数→84ページ）　🔊07

0	null	21	**ein**undzwanzig
1	eins	22	zweiundzwanzig
2	zwei	30	drei**ß**ig
3	drei	40	vierzig
4	vier	50	fünfzig
5	fünf	60	**sech**zig
6	sechs	70	**sieb**zig
7	sieben	80	achtzig
8	acht	90	neunzig
9	neun	100	(ein)hundert
10	zehn	200	zweihundert
11	**elf**	345	dreihundertfünfundvierzig
12	**zwölf**	1.000	(ein)tausend
13	dreizehn	6.789	sechstausendsiebenhundertneunundachtzig
14	vierzehn	10.000	zehntausend
15	fünfzehn	123.456	hundertdreiundzwanzigtausend-
16	**sech**zehn		vierhundertsechsundfünfzig
17	**sieb**zehn		
18	achtzehn		
19	neunzehn	1.000.000	eine Million
20	zwanzig	2.000.000	zwei Millionen

年号 A2レベル 🔊08

・1〜1099年および2000〜2099年　　→基数と同じ。

・1100〜1999年　　　→2桁で区切り、hundert「100」を入れる。

794年：　siebenhundertvierundneunzig

1945年：　neunzehnhundertfünfundvierzig

2011年：　zweitausendelf

Lektion **1** | 規則動詞の現在人称変化

例文　　　　　　　　　　　　　　　　　　　　　　　　　🔊09

Was lernst du? - Ich lerne Deutsch.

1 主語になる人称代名詞　　　　　　　　　　　　　🔊10

	単数 (*sg.*)	複数 (*pl.*)
1人称	ich（私は、僕は、俺は…）	wir（私たちは、我々は…）
2人称（親称）	du（君は、あなたは、お前は…）	ihr（君たちは、お前たちは…）
3人称	（男性）er（彼は、その男は…） （女性）sie（彼女は、あの女は…） （中性）es（それは…）	sie（彼らは、彼女らは、それらは、あの人たちは…）
2人称（敬称）	Sie（あなたは、あなた方は、おたくは、そちら様は…）	

・「親称」は、家族、友人、子ども、動物、神など心理的距離の近い相手。初対面の人には「敬称」を使うが、若者同士は初めから「親称」を用いることも多い。
・Sieは文中でも大文字で始める。

2 規則動詞の人称変化　🔊11

・動詞は〈語幹〉と〈語尾〉から成る。

l e r n e n （学ぶ） 語幹　　語尾

・動詞の不定詞（＝原形）の語尾は -enである。
・動詞は主語によって語尾 -enの部分が変化する。
・変化した動詞を定動詞と言う。

ich	-e	wir	-en
du	-st	ihr	-t
er sie es	-t	sie	-en
	Sie	-en	

ich	lerne	wir	lernen
du	lernst	ihr	lernt
er sie es	lernt	sie	lernen
	Sie	lernen	

練習 spielen（英語の *play*）を人称変化させよ。

ich	*spiele*	wir	
du		ihr	
er sie es		sie	
	Sie		

・ドイツ語には進行形がない。「〜する」も「〜している」も現在形で表す。
　Lernst du Deutsch? - Ja, ich lerne Deutsch.

✎ 練習 [　] の中の動詞を変化させて（　）に入れよ。

(1) Ich (　　　　　　　　) in Sendai. [wohnen]

(2) Er (　　　　　　　) aus Berlin. [kommen]

3 語順 ◀12

①平叙文：動詞が2番目（定動詞第2位）

・定動詞のあとの語順：(i) 代名詞は前へ。
　　　　　　　　　　　　(ii) 動詞と結びつきの強いものはうしろへ。

Wir spielen heute Fußball.

Heute spielen wir Fußball.

Fußball spielen wir heute.

②決定疑問文：定動詞が1番目（doのような助動詞を用いない）

Trinkst du gern Kaffee? - Ja, ich trinke sehr gern Kaffee.

③補足疑問文：疑問詞が1番目、定動詞が2番目

Was studierst du? - Ich studiere Chemie.

Woher kommen Sie? - Ich komme aus Österreich.

・ドイツ語の疑問詞はw- で始まる。

wer	was	wann	wo
wie	warum	woher	wohin

✎ 練習 [　] の中の動詞を変化させて（　）に入れよ。

(1) (　　　　　　　　) du gern Tennis? [spielen]

(2) Was (　　　　　　) Sie? - Ich (　　　　　　　) Kaffee. [trinken]

4 人称変化で注意が必要な動詞 （語幹の最後がt, d, s, ß, zの動詞） ◀13

①arbeiten, ②finden, ③reisen, ④heißen, ⑤tanzen

①du arbeit**est**	er arbeit**et**	ihr arbeit**et**
②du find**est**	er find**et**	ihr find**et**
③du reist	er reist	ihr reist
④du heißt	er heißt	ihr heißt
⑤du tanzt	er tanzt	ihr tanzt

✎ 練習 [　] の中の動詞を変化させて（　）に入れよ。

(1) Wie (　　　　　　) du? - Ich (　　　　　　　) Taro Yamada. [heißen]

(2) Julia (　　　　　　) bald nach Deutschland. [reisen]

(3) Wo (　　　　　　) ihr? - Wir (　　　　　　) in Tokio. [arbeiten]

(4) (　　　　　　) du gern? - Nein, ich (　　　　　　　) nicht gern. Ich singe gern. [tanzen]

3

Übungen

1 自分について質問に答えよ。

① Wie heißt du?

② Woher kommst du?

③ Wo wohnst du?

④ Was studierst du?（語彙→12ページ）

⑤ Was trinkst du gern?（語彙→Tee, Kaffee, Wasser, Saft, Milch, Bier, Wein）

⑥ Was machst du gern?（語彙→6ページ）

2 聞き取った語を（　　）に入れたあと、質問にドイツ語で答えよ。 ◀14

Ich (　　　　　　　　　) Marie. Ich (　　　　　　　　　) aus Köln und wohne jetzt in
(　　　　　　　). Ich (　　　　　　　　) Technik. Ich lerne (　　　　　　　). Ich
(　　　　　　　) gern Klavier.

① Wie heißt sie?

② Woher kommt sie?

③ Wo wohnt sie?

④ Was studiert sie?

⑤ Was lernt sie?

⑥ Was macht sie gern?

3 動詞を変化させ、語を並べかえて文を完成させよ。

① wohin / ihr / reisen / ? - wir / nach Korea / reisen / .

② Franziska / in Japan / arbeiten / .

③ du / oft / schwimmen / ? - nein, / ich / nicht oft / schwimmen / .

④ Jakob / gern / Popmusik / hören / .

⑤ jobben / Sie / ? - ja, / ich / jobben / . ich / Geld / brauchen.

⑥ Paul und Katharina / nicht aus Deutschland / sondern / aus Österreich / kommen / .

⑦ gern / Sie / Deutsch / lernen / ? - ja, / wir / sehr gern / Deutsch / lernen / .

4 次の日本語をドイツ語に訳せ。

① 私たちは法学部です。(←法学（→12ページ）を専攻している)

② 君、ロックは好き？ (←君は好んでロックRockを聞くか)
　　―いや、ほとんど聞かないね。(←私はまれにseltenロックを聞く)

③ 僕は今日バイトで勉強しないよ。(←私は今日バイトする、そして勉強し lernen ない)

④ あの人（男）、どうして日本語を勉強しているんだろう？ (←なぜ彼は日本語を勉強するのか)
　　―日本のことが好きなんだって。(←彼は日本Japanを愛しているlieben)

趣味 「私は〜するのが好き」

Ich +〈動詞〉+ gern. ／ Ich +〈動詞〉+ gern +〈目的語の名詞など〉.

Was machst du gern? - Ich lese gern.
- Ich lese gern Mangas.

踊る tanzen → Ich **tanze** gern.「ダンスが好き」

歌う	singen	旅行する	reisen
ぶらぶらする	faulenzen	写真を撮る	fotografieren
読書する	lesen	工作する	basteln
(漫画・イラストなどの) 絵を描く	zeichnen	(絵の具で) 絵を描く	malen
料理する	kochen	ツイートする	twittern
食べる	essen	パンやケーキを焼く	backen
魚釣りをする	angeln	バーベキューをする	grillen
キャンプする	campen / zelten	山歩きをする	wandern

車に乗る Auto fahren → Ich **fahre** gern Auto「ドライブが好き」

自転車に乗る	Rad fahren	バイクに乗る	Motorrad fahren
ゲームする	Spiele spielen	ネットを見る	im Internet surfen
音楽を聞く	Musik hören	映画を見る	Filme sehen
アニメを見る	Animes sehen	漫画を読む	Mangas lesen
観劇する	ins Theater gehen	コンサートに行く	ins Konzert gehen
書道で字を書く	chinesische Kalligraphie machen		

ギターを弾く Gitarre spielen → Ich **spiele** gern **Gitarre**.「ギターが好き」

ピアノを弾く	Klavier spielen	オルガンを弾く	Orgel spielen
バイオリンを弾く	Geige spielen	笛を吹く	Flöte spielen
ラッパを吹く	Trompete spielen	ドラムを叩く	Schlagzeug spielen

サッカーをする Fußball spielen → Ich **spiele** gern **Fußball**.「サッカーが好き」

野球をする	Baseball spielen	テニスをする	Tennis spielen
ゴルフをする	Golf spielen	ホッケーをする	Hockey spielen
バスケットボールをする	Basketball spielen	ハンドボールをする	Handball spielen
バレーボールをする	Volleyball spielen	卓球をする	Tischtennis spielen
柔道をする	Judo machen	空手をする	Karate machen
剣道をする	Kendo machen	合気道をする	Aikido machen
ジョギングする	joggen	泳ぐ	schwimmen
フェンシングする	fechten		

テレビを見る fern|sehen → Ich **sehe** gern **fern**.「テレビが好き」　　　(分離動詞→44ページ)
買い物する ein|kaufen → Ich **kaufe** gern **ein**.「買い物が好き」

ドイツ語圏外におけるドイツ語

　ドイツは長い間300を超える地域権力に分断されており、19世紀になってようやく国家の統一が果たされました。そのため、イギリスやフランスに比べ海外における植民地獲得競争に後れを取ることとなりました。アジアやアフリカの旧植民地諸国には英語やフランス語を公用語とする国があるのに対し、それらの地域でドイツ語が公用語として制定されている例はほぼありません。ドイツ語はいわゆる「ドイツ語圏」（ドイツ、オーストリア、スイス、リヒテンシュタイン）とその周辺諸国の一部地域（イタリアの南チロルなど）でのみ話されています。例外として挙げられるのはアメリカ合衆国の「アーミッシュ」と呼ばれる集団でしょう。彼らは18世紀に南ドイツやスイスからアメリカ大陸へと移住し、厳格な宗教的戒律に基づく自給自足の生活様式とドイツ語を今なお維持していることで知られています。アーミッシュの様子は1985年のアメリカ映画『刑事ジョン・ブック 目撃者』（ピーター・ウィアー監督）でよく再現されており、作中ではドイツ語による会話を聞くこともできます。

　ドイツ語が「保存」されている国としては、ある意味では日本もまたその一例として挙げることができるかもしれません。日本語には医学用語や登山用語の他、「アルバイト」のように日常的に使われるドイツ語由来の単語が存在することは比較的よく知られています。しかし、ドイツ語が異国の地で好まれ、現地語化するというのはどうやら日本だけの話であり、他の国でこのような現象が見られることはないようです。このことはドイツ人にとっても特異に見えるようで、ドイツの週刊新聞ディー・ツァイトも「日本：ドイツ語が話される国」（2010年4月18日）という記事で取り上げています。この記事では、英語が世界的に「クール」な言語として認識されているのに対し、日本ではドイツ語がそのように扱われ、ドイツ語が書かれたTシャツが売られていたり、マンションの名前にドイツ語が使われていることが紹介されています。もっとも、その使われ方は必ずしも正確なわけではないのですが。

ヴァイルトハイムはドイツ語でWaldheimとなる。
直訳では「森（Wald）の家（Heim）」。

Lektion 2 | 名詞の性と格、定冠詞、動詞sein

例文　　　　　　　　　　　　　　　　　　　　　　◀16

Wo ist die Uni? - Sie ist da drüben.

1 名詞の性と定冠詞　◀17

・ドイツ語の名詞には男性・女性・中性という性の区別がある。
・定冠詞（英語の*the*）は性によって形が違う。
・男性は*m.*、女性は*f.*、中性は*n.*と表示される。

m.	der Mann	der Vater	der Junge	der Löffel
f.	die Frau	die Mutter		die Gabel
n.		das Kind	das Mädchen	das Messer

✏**練習**（　　）に定冠詞を入れよ。

（1）（　　　　　）Mann heißt Thomas Schmidt.

（2）（　　　　　）Kind singt gern.

（3）（　　　　　）Frau lernt Französisch.

2 名詞の格と定冠詞の格変化　◀18

・名詞の文中での役割を「格」と言う。
1格（＝主格＝主語になる）　　　　≒「～が、～は」
2格（＝属格＝所有を表す）　　　　≒「～の」
3格（＝与格＝間接目的語になる）≒「～に」
4格（＝対格＝直接目的語になる）≒「～を」

・格によって定冠詞が変化する。

	m.	*f.*	*n.*
1格	der Mann	die Frau	das Kind
2格	des Mannes	der Frau	des Kindes
3格	dem Mann	der Frau	dem Kind
4格	den Mann	die Frau	das Kind

・多くの男性名詞と中性名詞は2格で語尾 -es
または -sが付く。
（ふつう1音節では -es、2音節以上では -s）

✏**練習**（　　）に定冠詞を入れよ。

（1）（　　　　　）Mann liebt（　　　　　）Frau.

（2）（　　　　　）Kind liebt（　　　　　）Vater.

（3）（　　　　　）Pferd gehorcht（　　　　　）Mutter.

（4）（　　　　　）Katze gehorcht（　　　　　）Vater nicht.

8

・常に3格＝「〜に」、4格＝「〜を」となるとはかぎらない。

・どの格を用いるかは動詞によって決まっている。

📝練習（　）に定冠詞を入れよ。

(1) （　　　　　） Mann heiratet （　　　　　） Frau.

(2) （　　　　） Mutter küsst （　　　　） Vater nicht.

(3) （　　　　） Buch gehört （　　　　） Mädchen.

(4) Wir helfen （　　　　） Nachbarin.

・名詞の3格と4格が一緒に用いられる場合、3格→4格の順が普通である。

📝練習（　）に定冠詞を入れよ。

(1) （　　　　） Polizist zeigt （　　　　） Touristin （　　　　　） Weg.

(2) （　　　　） Schülerin leiht （　　　　） Schüler （　　　　） Heft.

・2格は後ろからかかる。 B1レベル

📝練習（　）に定冠詞を入れよ。

(1) （　　　　） Mutter （　　　　） Kindes heißt Sophie.

(2) （　　　　） Brille （　　　　） Lehrers liegt hier.

3 動詞sein（英語の*be*）の人称変化 ◀19

ich bin	wir sind
du bist	ihr seid
er ist	sie sind
Sie sind	

Ich bin alt. Du bist noch jung.

・職業、身分、国籍などは無冠詞。

Was sind Sie von Beruf? - Ich bin noch **Studentin**.

📝練習 seinを人称変化させて（　）に入れよ。

(1) Woher kommst du? - Ich komme aus Japan. Ich （　　　　　） Japaner.

(2) Wo （　　　　） Mila? - Sie （　　　　　） dort.

(3) Alexander （　　　　　） Deutscher. Emilia （　　　　　） auch Deutsche. Sie beide

　　（　　　　　） Deutsche. （Deutscher, Deutscheの語形→69ページ **2**）

(4) （　　　　　） ihr müde? - Nein, wir （　　　　　） munter.

・「AはBである」の文においては「A」だけでなく「B」も1格である。

📝練習（　）に定冠詞を入れよ。

(1) Das ist （　　　　） Rathaus. （「Das ist」のdasは指示代名詞「これ、それ、あれ」→62ページ）

(2) Der Mond ist （　　　　） Satellit der Erde.

(3) Sie ist （　　　　） Bundeskanzlerin von Deutschland. （von = 英語の*of*）

Übungen

1 （　　）に定冠詞を入れよ。

① （　　　　　　　） Buch ist sehr dick.

② （　　　　　　　） Kuli gehört （　　　　　　　） Studentin.

③ Ich schenke （　　　　　　） Frau （　　　　　　） Uhr.

④ Der Junge dankt （　　　　　　） Mädchen.

⑤ （　　　　　　） Haus （　　　　　　） Lehrerin ist in Hamburg.

2 **sein**を人称変化させて （　　） に入れよ。

① （　　　　　　　） du Österreicher? - Nein, ich （　　　　　　） Schweizer.

② Wie alt （　　　　　） ihr? - Ich （　　　　　） 25 und er （　　　　　） 22.

③ Was （　　　　　） Sie von Beruf? - Wir （　　　　　） Ingenieure.

3 聞き取った語を （　　） に入れたあと、質問にドイツ語で答えよ。 ◀20

Maria ist （　　　　　　） Jahre alt. Maria kennt das Märchen „Rotkäppchen" （　　　　　　）.
Die Mutter erzählt also （　　　　　　） Tochter die Geschichte.

> Die Großmutter （　　　　　　） Rotkäppchens ist krank. Das Rotkäppchen bringt
> （　　　　　　） Großmutter Kuchen und Wein. Der Wolf verschlingt （　　　　　　）
> Großmutter und das Rotkäppchen. Aber der Jäger rettet beide und tötet den
> （　　　　　　）.

Maria findet die （　　　　　　） interessant.

① Wie alt ist Maria?

_____

② Was erzählt die Mutter dem Mädchen?

_____

③ Wer ist krank?

_____

④ Was bringt das Rotkäppchen der Großmutter?

_____

⑤ Wen verschlingt der Wolf? （wen: werの4格）

_____

⑥ Wer rettet die Großmutter und das Rotkäppchen?

⑦ Wie findet Maria das Märchen „Rotkäppchen"?

4　語を並べかえて文を完成させよ。動詞を変化させ、固有名でない名詞には定冠詞をつけること。

① kaufen / ich / Handy / .

② Lehrerin（3格）/ Laura / antworten / .

③ Englisch / lernen / Kind / .

④ Verkäuferin（4格）/ Mia / kennen / .

⑤ schmecken / Wein / Mann（3格）/ nicht / .

⑥ er / Chefin（3格）/ Brief / bringen / .

⑦ Markus / schicken / E-Mail / Professor（1格）/ .

5　次の日本語をドイツ語に訳せ。

① あの男は信用できない。（←私はあの男を信じてtrauenいない; trauenがとる格に注意）

② この自転車はあの子へのプレゼントなんだ。（←その自転車Fahrrad, n.を私はその子どもに贈るschenken）

③ あの弁護士（Anwältin, f.）は市長（Bürgermeister, m.）の奥さん（Frau, f.）です。（2格を使うこと）

④ 君たちいまどこにいるの？　─チューリッヒだよ。（←私たちはチューリッヒZürichにいる）

専攻 「私は〜を専攻している」 Ich studiere ＋〈専攻名〉.
Was studierst du? - Ich studiere Physik.

法学 Jura	経済学 Wirtschaftswissenschaft	文学 Literatur	教育学 Pädagogik

法学 Jura　　経済学 Wirtschaftswissenschaft　　文学 Literatur　　教育学 Pädagogik
工学 Technik　　農学 Landwirtschaft　　医学 Medizin　　理学 Naturwissenschaften
薬学 Pharmazie　　歯学 Zahnmedizin　　音楽 Musik　　体育・スポーツ科学 Sportwissenschaft
哲学 Philosophie　　心理学 Psychologie　　社会学 Soziologie
ドイツ語学・ドイツ文学 Germanistik　　英語学・英文学 Anglistik　　日本学 Japanologie
日本文学・国文学 japanische Literatur　　歴史 Geschichte　　日本史 japanische Geschichte
西洋史 europäische Geschichte　　東洋史 asiatische Geschichte　　考古学 Archäologie
文化人類学 Kulturanthropologie　　芸術・美術 Kunst　　数学 Mathematik　　物理 Physik
化学 Chemie　　地学 Geologie　　生物 Biologie　　情報学 Informatik
看護学 Pflegewissenschaft　　経営学 BWL（Betriebswirtschaftslehre）
家政学 Haushaltslehre　　福祉学 Wohlfahrtswissenschaften
食品栄養学 Ernährungslehre　　デザイン工学 Design-Technik　　電気工学 Elektrotechnik
獣医学 Tiermedizin　　天文学 Astronomie　　グローバルマネジメント Globales Management
環境 Umweltlehre　　国際関係 internationale Beziehungen　　観光 Tourismus
地域創生 Regionalbelebung　　建築 Architektur　　水産学 Fischereiwissenschaft

外国語 「私は〜語を学んでいる」 Ich lerne ＋〈外国語〉.
Was lernst du? - Ich lerne Latein.

ドイツ語 Deutsch　　日本語 Japanisch　　英語 Englisch
フランス語 Französisch　　中国語 Chinesisch　　ロシア語 Russisch
スペイン語 Spanisch　　韓国語 Koreanisch　　ラテン語 Latein/Lateinisch
ギリシア語 Griechisch　　イタリア語 Italienisch　　アラビア語 Arabisch
ポルトガル語 Portugiesisch　　モンゴル語 Mongolisch
ポーランド語 Polnisch　　オランダ語 Niederländisch
チェコ語 Tschechisch　　サンスクリット語 Sanskrit

性格・性質 「私は〜だ」 Ich bin ＋〈形容詞〉.
Wie bist du? - Ich bin geduldig.

親切な nett　　愉快な lustig　　怠惰な faul　　勤勉な fleißig
スポーティーな sportlich　　勇敢な mutig　　好感が持てる sympathisch
協力的な hilfsbereit　　礼儀正しい höflich　　失礼な unhöflich
フレンドリーな freundlich　　我慢強い geduldig　　シャイな schüchtern
クリエイティブな kreativ　　賢い weise　　おろかな dumm
ユーモアのある humorvoll　　ユーモアがない humorlos　　美しい schön
背が高い groß　　背が低い klein　　太った dick　　やせた schlank
疲れた müde　　退屈した gelangweilt　　リラックスした entspannt
風邪を引いた erkältet　　元気な munter

2 名詞の性って何？

　名詞に性の違いがあるのは、日本語を母語とする者からすると、面倒というほかありません。例えば、単語の最後がaで終わる名詞はすべて女性名詞、oで終わればすべて男性名詞であるというような決まりがあればよいのですが、そういう法則は残念ながらドイツ語にはありません。-chenが付けば中性、-ungや-schaftや-heitは女性といったように、接尾辞によって性が決まることはありますが、こうした見分け方が使えるのは一部の単語に限られます。あとは、eで終われば女性名詞が多く、erは男性が多いというような「傾向」があるだけです。

　しかし、そもそもなぜ名詞の性の区別があるのでしょうか。Mann「男」が男性名詞、Frau「女」が女性名詞ということには大きな問題はないでしょう。同じように、Vater「父」、Bruder「兄、弟」、Onkel「叔父」、Neffe「甥」が男性名詞、Mutter「母」、Schwester「姉、妹」、Tante「叔母」、Nichte「姪」が女性名詞であるのは特に難しいことではありません。問題は、物が男性であったり、女性であったりすることです。なぜこんなことになったのでしょうか。

　古くからある一つの考えは、物を人間として捉える擬人化が根底にあるというものです。古代ゲルマン人は太陽を女性のように感じたのでSonneが女性名詞になり、月を男性のように感じたのでMondが男性名詞になったというわけです。

　それに対し、そもそも男性名詞や女性名詞は文字通りの人間の「男性」や「女性」とは関係がないという考えもあります。単に物を区分けする基準としてMann「男」、Vater「父」といった系列と、Frau「女」、Mutter「母」といった系列の区分を利用しているだけで、そこで特別に擬人化が行われてはいないという考えです。

　おそらく今となっては、物が男性名詞になったり女性名詞になったりしたことの原因を知ることはできないでしょう。しかし注意すべきは、例えば「自由の女神」がなぜ女神であって男神でないのかということは、名詞の性が決定しているということです。フランス語で「自由」libertéが女性名詞なので、それをドラクロワは女性の姿で描き、彫像にする際にも女性の姿で作られたのです。

　たとえ名詞の性の成立においては擬人化する思考が働いていなかったとしても、一旦、性が決まってしまうと、そのあとで具象化して表現する際にはその性に従って擬人化されるわけです。日本語を母語とする者にとっては抽象概念が人間の姿をとるのは意味不明なことでしょうが、名詞の性がある言語を母語とする人々にとっては普通なことかもしれません。見える世界が言語によって変わるのです。

パリにある「自由の女神」像

©Franck Legros/Shutterstock.com

Lektion 3 | 不定冠詞、動詞haben、名詞の複数形、男性弱変化名詞

例文
◀22

Ich habe einen Bruder und zwei Schwestern.

1 不定冠詞（英語のa）の格変化 ◀23

	m.		f.		n.	
1格	ein	Mann	eine	Frau	ein	Kind
2格	eines	Mannes	einer	Frau	eines	Kindes
3格	einem	Mann	einer	Frau	einem	Kind
4格	einen	Mann	eine	Frau	ein	Kind

・どれを指すのかが
  聞き手に分かっている　→定冠詞
  聞き手に分かっていない→不定冠詞

✏**練習** 下線部に語尾を入れよ。（無語尾の場合は×を入れよ。）

(1) Dort sitzt ein____ Katze.

(2) Dort sitzt ein____ Hund.

(3) Clara und Robert sind ein____ Ehepaar.

(4) D____ Japanerin liebt ein____ Schweizer.

(5) D____ Student kauft ein____ Buch.

・定冠詞は「～というもの」という意味を表すことがある。
・不定冠詞は「何らかの～」という意味を表すことがある。
　Die Wassermelone ist **ein** Gemüse.
　Der Wal ist **ein** Säugetier.
　Der Mensch ist sterblich. Sokrates ist **ein** Mensch. Also ...

2 動詞haben（英語のhave）の人称変化 ◀24

ich habe	wir haben
du hast	ihr habt
er hat	sie haben
Sie haben	

✏**練習** habenを人称変化させて（　）に入れよ。

(1) (　　　　　) Sie einen Stift? - Ja, ich (　　　　　) einen Stift.

(2) (　　　　　) ihr ein Wörterbuch? - Ja, wir (　　　　　) ein Wörterbuch.

(3) (　　　　　) du eine Uhr? - Nein. Herr Meyer (　　　　　) eine Uhr.

・物質名詞（例えばWasser「水」）や抽象的な意味を表す名詞（例えばRuhe「平安」）は数えられない非加算名詞である。
・非加算名詞は数えられないので不定冠詞は付かない。
　Hast du Durst? - Ja. Ich trinke also Tee.

14

3 名詞の複数形 ◀25

①無語尾型（変音する場合がある）

der Onkel - die Onkel　　　der Vater - die Väter

②E型（変音する場合がある）

der Hund - die Hunde　　　der Sohn - die Söhne

③[E]N型（変音しない）

die Frau - die Frauen　　　die Blume - die Blumen

④ER型（幹母音が変音可能であれば必ず変音する）

das Kind - die Kinder　　　das Buch - die Bücher

⑤S型（変音しない）

das Auto - die Autos　　　der Anime - die Animes

・複数形には性の区別がない。

🖉練習 [　　] 内の名詞を複数形にして（　　）に入れよ。

(1) Ich habe zwei (　　　　　　　). [Bruder]

(2) Er hat drei (　　　　　　　) [Schwester].

(3) Herr Bach hat elf (　　　　　　) und neun (　　　　　　　). [Sohn, Tochter]

・複数形は*pl.*と表示される。

	pl.	*pl.*	*pl.*
1格	die Männer	die Frauen	die Kinder
2格	der Männer	der Frauen	der Kinder
3格	den Männern	den Frauen	den Kindern
4格	die Männer	die Frauen	die Kinder

・複数3格では名詞の語尾に -nが付く。（[E]N型とS型では付かない）。

🖉練習 次の名詞を指示に従って書き換えよ。

(1) die Mutter →*pl.*1格　　　　　　(2) die Tante →*pl.*2格

(3) das Haus →*pl.*3格　　　　　　(4) der Stuhl →*pl.*4格

4 男性弱変化名詞 B1レベル ◀26

	m.	*pl.*	*m.*	*pl.*
1格	der Junge	die Jungen	der Student	die Studenten
2格	des Jungen	der Jungen	des Studenten	der Studenten
3格	dem Jungen	den Jungen	dem Studenten	den Studenten
4格	den Jungen	die Jungen	den Studenten	die Studenten

🖉練習 次の男性弱変化名詞の意味を調べよ。

(1) Mensch　　　　　　(2) Affe　　　　　　(3) Präsident

(4) Neffe　　　　　　(5) Bär　　　　　　(6) Herr（変則的弱変化）

Übungen

1　複数形の名詞を単数形にし、その前に不定冠詞を付けよ。

例　Ich habe vier Kinder.
→ Ich habe ein Kind.

① Der Mann hat zwei Töchter.
→

② Jakob schaut heute Filme.
→

③ Jeden Tag lese ich Bücher. (jeden Tag → 65ページ ②)
→

④ Morgens trinkt Emma zwei Tassen Tee.
→

⑤ Herr Meyer führt drei Restaurants.
→

⑥ Ich suche drei Franzosen.
→

2　不定冠詞の付いた名詞を複数形にし、[　　]内の数字をアルファベート表記に変えて、その名詞の前に付けよ。(数詞→ⅴページ)

例　Ich habe einen Stift. [4]
→ Ich habe vier Stifte.

① Die Gruppe bestellt eine Flasche Wein. [27]
→

② Die Familie reserviert ein Zimmer. [2]
→

③ Ich verbringe einen Tag in Davos. [12]
→

④ Herr und Frau Weber besuchen eine Stadt in Japan. [5]
→

⑤ In Wien besucht Mila ein Café. [3]
→

3　聞き取った語を（　　）に入れよ。　◀27

Elias:　（　　　　　　　　　　） du morgen Zeit, Sarah?　Ich besuche den Zoo.　Kommst du mit?

Sarah: Morgen Vormittag habe ich einen Termin.　Ich treffe einen （　　　　　　　　　） aus
Tschechien und （　　　　　　　　） Studentinnen aus Amerika.

Elias:　Dann gehen wir nachmittags!

Sarah: Was für* Tiere leben dort?

Elias:　Der Zoo hat 26 （　　　　　　　　）, （　　　　　　　　） Schimpansen,
（　　　　　　　　　　） Hasen, vier Elefanten, （　　　　　　　　） Löwen und zwei
Löwinnen, einen （　　　　　　　　）, （　　　　　　　　） Falken ...

Sarah: Ach, Elias, ich habe nachmittags doch auch einen Termin ...

*was für ... : どのような…

4　次の日本語をドイツ語に訳せ。

① 毎年（jedes Jahr→65ページ②）200万人（→vページ）の観光客（Tourist, *m.* -en/-en）がドレスデン（Dresden）を訪れる（besuchen）。

② フィッシャーさん（Herr Fischer）は車（Auto, *n.* -s/-s）を8台持っている。

③ 彼らには子供が4人いる。（←4人の子供を持つ）

④ 私たちはそれらのパソコン（Computer, *m.* -s/-）が必要なんです。（←パソコンを必要とする brauchen）

⑤ その会社（Firma, *f.*）はここに（hier）10軒の家（Haus, *n.* -es/Häuser）を建てる（bauen）。

⑥ ハイデルベルク大学には（an der Universität Heidelberg）15,000人の女子学生と13,000人の男子学生がいる。（←〜大学で〜人の学生が研究しているstudieren）

⑦ 子供は親の言うことを聞かないものだ。（←子供たち（定冠詞付き）は両親（→24ページ、定冠詞付き）に従わgehorchenない）

自分について 表 現 してみよう 🔊28

身の回りのもの 「～を持ってる」 Ich habe [ein＿] + 〈4格〉.

Was hast du? - Ich habe einen Tisch.
- Ich habe zweihundert Figuren.

机	Tisch *m.* -es/-e	フィギュア	Figur *f.* -/-en
椅子	Stuhl *m.* -es/Stühle	ぬいぐるみ	Stofftier *n.* -s/-e
ベッド	Bett *n.* -es/-en	人形	Puppe *f.* -/-n
ランプ	Lampe *f.* -/-n	バッグ	Tasche *f.* -/-n
掃除機	Staubsauger *m.* -s/-	財布	Portemonnaie *n.* -s/-s
電子レンジ	Mikrowelle *f.* -/-n	リュックサック	Rucksack *m.* -s/..säcke
洗濯機	Waschmaschine *f.* -/-n	時計	Uhr *f.* -/-en
ドライヤー	Föhn *m.* -es/-e	傘	Regenschirm *m.* -es/-e
炊飯器	Reiskocher *m.* -s/-	眼鏡	Brille *f.* -/-n
トースター	Toaster *m.* -s/-	マスク	Mundschutz *m.* -es/-e
テレビ	Fernseher *m.* -s/-	ハンカチ	Taschentuch *n.* -s/..tücher
冷蔵庫	Kühlschrank *m.* -s/..schränke	タオル	Handtuch *n.* -s/..tücher
エアコン	Klimaanlage *f.* -/-n	鍵	Schlüssel *m.* -s/-
食洗機	Spülmaschine *f.* -/-n	鉛筆	Bleistift *m.* -s/e
パソコン	PC *m.* -(s)/-(s)または Computer *m.* -s/-	ボールペン	Kuli *m.* -s/-s または Kugelschreiber *m.* -s/-
ノートパソコン	Laptop *m.* -s/-s	シャープペンシル	Druckbleistift *m.* -s/-e
タブレット端末	Tablet *n.* –(e)s/-s	ペン	Stift *m.* -s/-e
プリンター	Drucker *m.* -s/-	定規	Lineal *n.* -s/-e
スマホ	Smartphone *n.* -s/-s	万年筆	Füllfederhalter *m.* -s/-
充電器	Ladegerät *n.* -s/-e		または Füller *m.* -s/-
ヘッドホン・イヤホン	Kopfhörer *m.* -s/-	消しゴム	Radiergummi *m.* -s/-s
CD	CD *f.* -/-s	紙	Papier *n.* -s/-e
CD プレーヤー	CD-Spieler *m.* -s/-	本	Buch *n.* -es/Bücher
DVD	DVD *f.* -/-s	辞書	Wörterbuch *n.* -es/..bücher
自転車	Fahrrad *n.* -s/..räder	ノート	Heft *n.* -es/-e
電動アシスト自転車	E-Bike *n.* -s/-s	2穴ファイル	Ordner *m.* -s/-
自動車	Auto *n.* -s/-s	書類ばさみ・カバン	Mappe *f.* -/-n
バイク	Motorrad *n.* -s/..räder	漫画	Manga *n.* または *m.* -s/-(s)
原付き	Moped *n.* -s/-s		

大文字のエスツェット

　ドイツ語には基本的な26文字のアルファベットの他にも、いくつか追加の字母がありますが、パソコンでウムラウトなどを入力するにはどうすればよいでしょうか。

　例えばWindowsですと「設定→時刻と言語→言語→優先する言語の追加」からドイツ語を追加することができます。するとキーボードが以下のような配列に変わります。ウムラウトやエスツェットが付け加えられていることのほかに、zとyの位置が交換されているのにも、お気づきでしょうか。ドイツ語ではyよりもzを使うことが圧倒的に多いため、打鍵しやすい位置にzが来ています。このことから、ドイツ語配列のキーボードは「QWERTZ」式と呼ばれています。(一般的なキーボードは「QWERTY」式。キーボード上列のアルファベットを左から読んでみましょう。)

　もしドイツ語キーボードをパソコンに追加できないというときは、それぞれ「ä→ae」「ö→oe」「ü→ue」「ß→ss(もしくはsz)」という代用表記を使うことができます。例えば、「Bäume」でしたら「Baeume」、「Übung」でしたら「Uebung」となります。ベータ(β)はßに似ていますが、これらは他人の空似ともいうべき関係のない文字ですし、フォントの関係で美しい表示にならないので、使わないようにしましょう。

　さて、エスツェットが単語の頭にくることはないため、長らく大文字のエスツェットというものは用意されていませんでした。

　単語すべての文字を大文字で書きたいときは、エスツェットを「ss」などといった代字により、表現していたようです。例えば「Straße」なら「STRASSE」と書いていました。

　しかし、2017年にドイツ正書法協議会はエスツェットの大文字「ẞ」を認めることを発表しました。これにより「STRAẞE」といった表記も可能になりました。ただ、フォントによっては、大文字のエスツェットが用意されておらず、他のフォントとの混合表示になってしまうこともあります。大文字のエスツェットが用意されているのは今のところArialやCalibri、Verdanaといったフォントのようです。

　ちなみに大文字のẞはキーボードをドイツ語設定にした状態で、「Shift+Ctrl+Alt+ß」(もしくは「SHIFT+Alt Gr+ß」)を押すと入力することができます。皆さんも試してみましょう。

各フォントのSTRAẞE

Arial　　**STRAẞE**

Calibri　**STRAẞE**

Verdana　**STRAẞE**

Lektion 4 | 不定冠詞類（所有冠詞、否定冠詞）、人称代名詞、否定疑問文

例文　　　　　　　　　　　　　　　　　　　　　　　◀29

Ist meine Tasche nicht dort?　-　Nein, ich finde sie nicht.

1 不定冠詞類（所有冠詞と否定冠詞）　◀30

・不定冠詞類は単数では不定冠詞einと同じ語尾変化をする。

・所有代名詞（「私の」等）は冠詞のように変化するので所有冠詞と呼ばれる。

人称代名詞	ich	du	er	sie	es	wir	ihr	sie	Sie
所有冠詞	**mein**	**dein**	**sein**	**ihr**	**sein**	**unser**	**euer**	**ihr**	**Ihr**

✏練習 下線に語尾を入れよ。

	m.	*f.*	*n.*	*pl.*
1格	mein____	mein____	mein____	mein**e**
2格	mein____	mein____	mein____	mein**er**
3格	mein____	mein____	mein____	mein**en**
4格	mein____	mein____	mein____	mein**e**

・unser, euerの -erは語尾ではない。-erのあとに語尾が付く。

・euerは語尾が付くと、ふつうeu**re**, eu**ren**のようにeが脱落する。

	m.	*f.*	*n.*	*pl.*
1格	ihr　Tisch	unsere Lampe	euer　Sofa	Ihre　Stühle
2格	ihres Tisches	unserer Lampe	eures Sofas	Ihrer Stühle
3格	ihrem Tisch	unserer Lampe	eurem Sofa	Ihren Stühlen
4格	ihren　Tisch	unsere Lampe	euer　Sofa	Ihre　Stühle

✏練習 下線部に語尾を入れよ。（無語尾の場合は×を入れる。）

(1) Mein____ Vater ist 49 Jahre alt und mein____ Mutter ist 51.

(2) Er zeigt uns sein____ Uhr.（uns: 私たちに →次ページ）

(3) Sie leiht ihm ihr____ Kuli.（ihm: 彼に →次ページ）

・否定冠詞（英語の *no*）は複数形にも付く。

	m.	*f.*	*n.*	*pl.*
1格	kein　　Rock	keine　Hose	kein　　Hemd	keine　Schuhe
2格	keines Rockes	keiner Hose	keines Hemdes	keiner Schuhe
3格	keinem Rock	keiner Hose	keinem Hemd	keinen Schuhen
4格	keinen Rock	keine　Hose	kein　　Hemd	keine　Schuhe

✎ 練習 下線部に語尾を入れよ。（無語尾の場合は×を入れよ。）

(1) Ich habe noch kein＿＿＿＿ Füller.

(2) Er hat ein Smartphone, deshalb hat er kein＿＿＿＿ Uhr.

(3) Lia und Ava sind kein＿＿＿＿ Studentinnen mehr. Sie arbeiten schon.

(4) Ich habe kein＿＿＿＿ Geschwister.

2 人称代名詞の格変化 🔊31

単数 (sg.)	1人称	2人称 （親称）	3人称			2人称 （敬称）
			m.	*f.*	*n.*	
1格	ich	du	er	sie	es	Sie
2格	meiner	deiner	seiner	ihrer	seiner	Ihrer
3格	mir	dir	ihm	ihr	ihm	Ihnen
4格	mich	dich	ihn	sie	es	Sie

複数 (pl.)	1人称	2人称 （親称）	3人称	2人称 （敬称）
1格	wir	ihr	sie	Sie
2格	unser	euer	ihrer	Ihrer
3格	uns	euch	ihnen	Ihnen
4格	uns	euch	sie	Sie

✎ 練習 [　]内の1格の人称代名詞を適切な格に変えて下線部に入れよ。

(1) Sie liebt ＿＿＿＿＿＿＿ nicht. [ich]　　Sie liebt ＿＿＿＿＿＿＿. [du]

(2) Wer heiratet ＿＿＿＿＿＿? [er]

(3) Sie grüßt ＿＿＿＿＿＿. [wir]

(4) Wie geht's ＿＿＿＿＿＿? [ihr] - Na, ganz gut.

・物であっても男性名詞は「彼」（er, ihm, ihn）、女性名詞は「彼女」（sie, ihr）で受ける。

✎ 練習 下線部には [　] 内の人称代名詞を適切な格に変えて入れよ。（　）内には適切な人称代名詞を補え。

(1) Die Tasche gehört ＿＿＿＿＿＿ nicht. [ich]　　(＿＿＿＿＿) gehört ＿＿＿＿＿＿. [er]

(2) Wem gehört der Kuli? - (＿＿＿＿＿) gehört ＿＿＿＿＿. [sie]

(3) Wem gehören die Schuhe? - (＿＿＿＿＿) gehören ＿＿＿＿＿! [du]

3 否定疑問文とその答え 🔊32

・否定疑問文（nichtやkeinが入った疑問文）では、「はい」が nein、「いいえ」が doch になる。

Singst du nicht gern?　　— **Nein**, ich singe nicht gern.

　　　　　　　　　　　　— **Doch**, ich singe gern.

Übungen

1 次の質問に否定冠詞を使って答えよ。

① Hast du ein Auto?
Nein,

② Schickst du ihm eine E-Mail?
Nein,

③ Hast du Hunger?
Nein,

④ Lernst du Französisch?
Nein,

⑤ Bist du Österreicherin?
Nein,

⑥ Hast du Geschwister?
Nein,

2 聞き取った語を（　　）に入れ、そのあとの質問に答えよ。　◀33

Felix: Morgen Nachmittag habe ich (　　　　　　　　) Unterricht und deshalb gehe ich
　　　 einkaufen. Gehst du auch mit?

Jana: Leider habe ich (　　　　　　) Zeit. Heute Abend besucht (　　　　　　) mein
　　　 Cousin. Ich zeige (　　　　　) morgen die Stadt.

Felix: Was besichtigt (　　　　　) denn?

Jana: (　　　　　　) Ahnung. Hast du eine Empfehlung?

Felix: Die Stadt hat (　　　　) Sehenswürdigkeiten ...

① Hat Felix morgen Nachmittag Unterricht?

② Wer besucht Jana?

③ Was macht Jana morgen?

3 （　　）に **ja, nein, doch** を入れよ。

(1) Lernt ihr nicht Deutsch? - （　　　　　　　　）, wir lernen Deutsch.

(2) Heiratet sie ihn? - （　　　　　　）. Sie hasst ihn.

(3) Hast du kein Wörterbuch? - （　　　　　　　）, ich habe kein Wörterbuch.

(4) Lernen Sie Deutsch? - （　　　　　　）. Der Unterricht ist interessant.

4 次の日本語をドイツ語に訳せ。

① フィリップ（Philipp）は毎日（jeden Tag → 65ページ ②）子供（Märchen, *n.*）に童話を話して聞かせる。（←彼の子供（*sg.*）に一つの童話を語る erzählen）

② ご両親（→ 24ページ）はザルツブルク（Salzburg）にお住まいですか？（←あなたの両親はザルツブルクに住んでいるか）

③ 僕の鉛筆（→ 18ページ）を貸してあげるよ。（←君に貸す leihen）

④ 君たちのことは信用しているよ。（←君たちを信用する ［人］³ vertrauen］）

5 **Mia** は写真を示しながら自分の家族や親戚について話している。下線に語尾を入れ（無語尾の場合は×を入れ）、そのあとの質問に答えよ。

Das ist mein＿＿＿＿＿ Familie. Der Mann hinten links ist mein＿＿＿＿＿ Vater. Daneben steht mein＿＿＿＿＿ Mutter. Die Frau rechts ist Anna, ihr＿＿＿＿＿ Schwester. Vorne rechts ist Leo, Annas Sohn. Leo ist mein ＿＿＿＿＿ Cousin. Ich habe kein＿＿＿＿＿ Geschwister, Leo und ich spielen oft zusammen.

ア　イ　しん　ウ
エ　オ

① 図の中でMiaの母親はア～オのどれか。

② AnnaはMiaの何なのか、（　　）に親族関係（→ 24ページ）を表す語を入れて表せ。
Sie ist ihre （　　　　　　）.

③ 図の中でMiaはア～オのどれか。

自分について 表現 してみよう ◀34

親族名と趣味 「私の～は…するのが好き」
Mein（e）＋〈親族名〉＋〈動詞〉＋ gern ＋ [〈目的語の名詞など〉].

Was macht deine Schwester gern?

- Meine Schwester macht gern Yoga.

m.	f.	n.	pl.
	家族 Familie -/-n		
父 Vater -s/Väter	母 Mutter -/Mütter		両親 Eltern
息子 Sohn -es/Söhne	娘 Tochter -/Töchter	子 Kind -es/-er	
兄・弟 Bruder -s/Brüder	姉・妹 Schwester -/n		兄弟姉妹 Geschwister
夫 Mann -es/Männer	妻 Frau -/-en	夫婦 Ehepaar -s/-e	
祖父 Großvater -s/Großväter	祖母 Großmutter -/-mütter		祖父母 Großeltern
伯父 Onkel -s/Onkel	伯母 Tante -/n		
いとこ（男） Cousin -s/-s,	いとこ（女） Cousine -/-n		
甥 Neffe -n/-n	姪 Nichte -/-n		
孫（一般的に）Enkel -s/-	孫娘 Enkelin -/Enkelinnen	孫（一般的に） Enkelkind –[e]s/-kinder	
曾祖父 Urgroßvater -s/-väter	曾祖母 Urgroßmutter -/-mütter		

折り紙をする	Figuren aus Papier falten	ぬり絵をする	malen
おにごっこする	Fangen spielen	かくれんぼする	Verstecken spielen
お酒を飲む	Alkohol trinken	ジムに行く	ins Fitnessstudio gehen
スポーツ観戦する	Sport sehen / schauen	おしゃべりする	plaudern
ガーデニングする	gärtnern	空想する	fantasieren
クロスワードをする	Kreuzworträtsel machen	数独をする	Sudoku machen
ヨガをする	Yoga machen	貯金する	Geld sparen
車を改造する	am Auto basteln	クルージングする	Kreuzfahrten machen
ペットの世話をする	sich um Haustiere kümmern	猫とたわむれる	mit der Katze spielen

ドイツ語の男性形と女性形

　ドイツ語のmein Freund / meine Freundinという表現を使う際には注意が必要です。これには「友達」と「恋人」という二つの意味があり、話し手の性別によって表のように意味が変わってきます。「単なる友達」のつもりで異性をmein Freund / meine Freundinと呼ぶと思わぬ誤解を招く可能性もあります。女性は男友達のことをein Freund von mir、男性は女友達をeine Freundin von mirと呼ぶことが一般的です。ただし、この考え方は恋人が異性であることを前提にしています。一方、ドイツ語圏では性的マイノリティの権利擁護が重視されており、将来的には考え方や言葉の使い方が変わることもあり得ます。

	mein Freund	meine Freundin
話し手が男性	男友達	彼女
話し手が女性	彼氏	女友達

　社会の変化に伴い、ドイツ語でも男女平等を目指す動きが活発化しています。伝統的にドイツ語では男女両方を含む集団を表す際には男性名詞の複数形が使われてきましたが、現在ではStudentinnen und Studentenと男女の複数形を併記したり、Student/innenのようにスラッシュ記号を用いることで明確に男女両性を表す表記が望ましいとされるようになってきています。ドイツの代表的な辞書であるDudenの2020年版では男性形で両性を代表する書き方はもはや推奨しないとする特集が盛り込まれました。更に2021年にはオンライン版での新たな方針を発表しました。従来DudenではLehrerという単語は男性形であるにもかかわらず「学校で教える人」と教師一般を表すかのごとく書かれ、女性形のLehrerinは「Lehrerの女性形」とだけ説明されていました。しかし、最新のオンライン版ではこれを「Lehrer = 学校で教える男性」「Lehrerin = 学校で教える女性」と改め、同様に職業を表す約12,000語についてもそのような方針が採られるようになりました。

　ドイツ語における女性形の多くは男性名詞から派生することで作られています（語尾の-inなど）。あくまで男性形がスタンダードと考えられていたため、男性名詞の複数形は両性を代表したのです。一方日本語の「大学生」や「俳優」は本来男女を区別しない名詞ですが、「女子大生」や「女優」のように女性であることを特別に示す場合が多くあります。男性形がスタンダードではなくとも、男性が優位にあるという点ではドイツ語と同じといえるでしょう。

Lektion 5 | 不規則動詞の現在人称変化、命令形、動詞werdenとwissen

Fährst du nach Deutschland? － Ja, ich fahre dahin.

◀35

1 不規則動詞の現在人称変化 ◀36

・ドイツ語には次のように、**2人称単数（親称）**と**3人称単数**で幹母音の音が変わる動詞がある。

①a→ä

fahren	
ich fahre	wir fahren
du fährst	ihr fahrt
er fährt	sie fahren
Sie fahren	

tragen	
ich trage	wir tragen
du trägst	ihr tragt
er trägt	sie tragen
Sie tragen	

②e→i または e→ie

sprechen	
ich spreche	wir sprechen
du sprichst	ihr sprecht
er spricht	sie sprechen
Sie sprechen	

sehen	
ich sehe	wir sehen
du siehst	ihr seht
er sieht	sie sehen
Sie sehen	

✐練習 [　]内の動詞を適切な形に変えて（　）に入れよ。

(1) Wie lange (　　　　　　　) du? - Ich (　　　　　　　　　) ungefähr 7 Stunden. [schlafen]

(2) Der Lehrer (　　　　　　　) jeden Tag Hausaufgaben. [geben]

(3) Was (　　　　　　　) du gern? - Ich (　　　　　　　　) gern Fisch. [essen]

(4) Der Junge (　　　　　　　) immer seiner Mutter. [helfen]

✐練習 次の動詞を変化表で調べて人称変化させよ。

lesen			
ich		wir	
du		ihr	
er		sie	
Sie			

nehmen			
ich		wir	
du		ihr	
er		sie	
Sie			

2 命令形 ◀37

①duに対する命令：語幹のまま、または語幹+e

kommen → Komm[e]!　　fahren → Fahr[e]!　　schlafen → Schlaf[e]!

〈注意〉　2人称単数で幹母音がe→iまたはieとなる動詞は、その2人称単数形から語尾を削除した形になる。最後に-eは付けない。

geben ＞ du gibst → Gib!　　sehen　＞ du siehst　→ Sieh!

lesen　＞ du liest　→ Lies!　　nehmen ＞ du nimmst → Nimm!

②ihrに対する命令 [A2レベル]：現在人称変化形と同じ

kommen ＞ ihr kommt → Kommt!　　geben ＞ ihr gebt → Gebt!

③ Sieに対する命令 [A2レベル]：現在人称変化形と同じ。ただし、主語Sieを付ける。

kommen ＞ Sie kommen → Kommen Sie!

geben ＞ Sie geben → Geben Sie!

・seinの命令形は特殊である。

duに対して　　**Sei** ruhig!

ihrに対して　　Seid ruhig!　（←Ihr **seid** ruhig.）

Sieに対して　　**Seien** Sie ruhig!

🖉練習 [　　　] 内の動詞をduに対する命令形に変えて（　　）に入れよ。

(1) (　　　　　　　　　　　) mehr! [lernen]

(2) (　　　　　　　　　　　) bitte langsam! [sprechen]

(3) (　　　　　　　　　　　) gut! [schlafen]

(4) (　　　　　　　　　　　) nicht so schnell! [essen]

3 動詞werdenとwissen ◀38

・werdenとwissenは特殊な現在人称変化をする。

werden		wissen	
ich werde	wir werden	ich weiß	wir wissen
du wirst	ihr werdet	du weißt	ihr wisst
er wird	sie werden	er weiß	sie wissen
Sie werden		Sie wissen	

Weißt du? Er **wird** Musiker. - Oh, das **weiß** ich noch nicht. Aber er **wird** sicher berühmt.

Übungen

1　次の日本語をドイツ語に訳せ。（動詞は**werden**か**wissen**）

① あの人たちよく怒るよね。（←彼らはしばしばoft怒った状態にwütendになる）

② ルーカスは私と結婚する。（←私の夫になる）

③ 君、女優（Schauspielerin, f.）になるの？　―まだ（noch）分かんないよ。（←私はまだ知らない）

④ 君たち、その街（Stadt, f.）のこと何か（etwas）知ってる？（←街Stadtについて〔von＋3格〕何か
　知っているか）

⑤ 私たちはシュレスヴィヒ＝ホルシュタイン州（Schleswig-Holstein）について何も（nichts）知ら
　ない。

2　（　）に下の〔　〕の動詞を命令形に変えて入れよ。

① （　　　　　　　　） dir die Hände! Der Virus ist unsichtbar, aber er ist da.

② Der Film ist ein 3D-Film. （　　　　　　　　） Sie bitte die Brille hier.

③ （　　　　　　　） schnell! Euer Flugzeug fliegt bald!

④ Hans, （　　　　　　　） da drüben! Ein Mann läuft nackt. - Oh, er ist der König.

⑤ Wat is dat? - Wie bitte? （　　　　　　　） Sie langsam, bitte.

〔kommen　　sehen　　sprechen　　tragen　　waschen〕

3　（　）の中に［　］内の動詞を適切な形に変えて入れよ。例にならって、その疑問文に対する
　あなた自身の答えも書け。

頻度⑻　　←　　　　　　　　　　→　　頻度⑼

immer - oft - manchmal - selten - nie

jeden Tag　　　jeden Sonntag　　　jedes Wochenende　　（→ 65ページ 2）
einmal in der Woche　　　einmal im Monat

頻度はwie oftで尋ねることができる。

28

（　）に［　］内の動詞を変化させて入れよ。また、その質問に対する自分の答えを書け。

例 Wie oft (*jobbst*) du pro Woche? [jobben]
　- *Ich jobbe drei Mal pro Woche.*

① Wie oft (　　　　　　　　) du pro Woche Brot? [essen]

- *Ich* _____

② Wie oft (　　　　　　　　) du pro Woche Fahrrad? [fahren]

- *Ich* _____

③ Wie oft (　　　　　　　　) du pro Monat Englisch? [sprechen]

- *Ich* _____

④ Wie oft (　　　　　　　　) du pro Tag dein Smartphone? [benutzen]

- *Ich* _____

4　次の各文が表すドイツの伝説をA〜Eの中から選び［　　　］内に入れよ。下線部には適切な語尾を
　補え。（無語尾の場合は×を入れよ。）

① Sie singt am Rhein*. Männer hören es, dann finden sie kein____ Rettung mehr. [　　]
② Sie macht ihr____ Bett, dann schneit es. [　　]
③ Der Mann besucht die Stadt und spielt Flöte. Dann ist kein____ Kind mehr da. [　　]
④ Er streut Kindern sein____ Sand in die Augen*, dann werden sie schläfrig. [　　]
⑤ Er schläft im Kyffhäuser*. Sein____ Bart ist rot. [　　]

*am Rhein：ライン河畔で　　人³ A⁴ in B⁴ streuen：人のBにAをふりかける　　im Kyffhäuser：キフホイ
ザー山で

A
Barbarossa

B
Frau Holle

C
Die Loreley

D
Der Rattenfänger
von Hameln

E
Der Sandmann

©dpa/時事通信フォト

自分について 表 現 してみよう 🔊39

将来の職業 「私は～になる」

Ich werde ＋〈職業名〉.

Was wirst du? - Ich werde Youtuberin.

アニメーター	Animator/in	弁護士	Anwalt/Anwältin
薬剤師	Apotheker/in	医師	Arzt/Ärztin
介護士	Altenpfleger/in	建築家	Architekt/in
作家	Autor/in	パン屋	Bäcker/in
銀行員	Bankangestellter/..te	農業者	Bauer/Bäuerin
建設作業員	Bauarbeiter/in	公務員	Beamter/Beamtin
バス運転士	Busfahrer/in	漫画家	Comiczeichner/in
デザイナー	Designer/in	詩人	Dichter/in
電気技師	Elektriker/in	栄養士	Ernährungsberater/in
長距離運転手	Fernfahrer/in	消防士	Feuerwehrmann/..frau
会社員	Firmenangestellter/..te	漁師	Fischer/in
魚屋	Fischhändler/in	肉屋	Fleischer/in または Metzger/in
花屋	Florist/in	客室乗務員	Flugbegleiter/in
研究者	Forscher/in	美容師	Friseur/in
庭師、造園業者	Gärtner/in	八百屋	Gemüsehändler/in
グラフィックデザイナー	Grafiker/in	職人	Handwerker/in
助産師	Hebamme	エンジニア	Ingenieur/in
ジャーナリスト	Journalist/in	ウエイター、ウエイトレス	Kellner/in
保育士	Kinderpfleger/in	コック	Koch/Köchin
看護士	Krankenpfleger/in	批評家	Kritiker/in
カスタマー・アドバイザー	Kundenberater/in	教師	Lehrer/in
船乗り	Matrose/..sin	メカニック	Mechaniker/in
お坊さん、尼さん	Mönch/Nonne	演奏家	Musikant/in
パイロット	Pilot/in	警察官	Polizist/in
政治家	Politiker/in	小説家	Schriftsteller/in
放射線技師	Radiologe/..gin	清掃人	Raumpfleger/in
裁判官	Richter/in	秘書	Sekretär/in
ソーシャルワーカー	Sozialarbeiter/in	スポーツ選手	Sportler/in
ストリーマー	Streamer/in	声優	Synchronsprecher/in
タクシー運転手	Taxifahrer/in	技術者	Techniker/in
実業家	Unternehmer/in	販売員	Verkäufer/in
YouTuber	Youtuber/in	学者	Wissenschaftler/in
歯科医	Zahnarzt/..ärztin	人工	Zimmermann/Zimmerin

Kolumne 5 ドイツの偉人

　ドイツの公共放送ZDFは2003年にテレビ番組「Unsere Besten」(「私たちの一番」)でドイツの偉人ランキングを放送しました。その結果は以下のようになりました。

1　コンラート・アデナウアー (1876–1967)　西ドイツ首相
2　マルティン・ルター (1483–1546)　宗教改革の中心人物
3　カール・マルクス (1818–1883)　『資本論』の著者
4　ショル兄妹 (1921/1918–1943)　反ナチス抵抗運動の活動家
5　ヴィリー・ブラント (1913–1992)　西ドイツ首相
6　ヨハン・ゼバスティアン・バッハ (1685–1750)　作曲家
7　ヨハン・ヴォルフガング・フォン・ゲーテ (1749–1832)　詩人
8　ヨハネス・グーテンベルク (1400頃–1468)　活版印刷術の発明者
9　オットー・フォン・ビスマルク (1815–1898)　ドイツ帝国宰相
10　アルベルト・アインシュタイン (1879–1955)　物理学者

　この結果は日本人にとっては少し驚きかもしれません。日本で偉人として挙げられるのは坂本龍馬や織田信長など、幕末の志士や戦国武将のような「英雄的」側面が強く、小説やゲームなどの娯楽作品でも強い人気を誇る人物です。それに比べると、ドイツのランキングで上位に入っているのは、近代の政治家や文化・学問上の功績を残した人物が多いのが特徴です。軍事的な指導力によって「英雄的な」活躍をした人物はトップ10の中ではビスマルクくらいで、同じく強力な軍事行動によって知られるフリードリヒ大王は42位に留まりました。

　ドイツの歴史教育では近代以降の時代、特に第二次世界大戦に重きが置かれるため、それ以前の時代についてはあまり詳細に扱われることはありません。また、創作における歴史は史実に忠実であることが多く、虚構を含む娯楽的性格はあまり強くありません。これは、あくまで娯楽的フィクションである大河ドラマの主人公の発表が毎年大きなニュースとなり、その視聴率がたびたび注目される日本の事情とは違います。歴史に対する見方や認識は日本社会とドイツ社会とでは大きく異なると言えるのではないでしょうか。

コンラート・アデナウアー

©Keystone/時事通信フォト

Lektion 6 | 前置詞

Wie gehen Sie in die Uni? - Ich fahre mit dem Fahrrad.

◀40

・ドイツ語の前置詞はそれぞれ特定の格をとる。

1 3格支配の前置詞 ◀41（1、2、3 共通）

| aus | bei | mit | nach | seit | von | zu |

🖉練習 下線に語尾を入れ、（　）に［　］の語を適切な形にして入れよ。

(1) Kommst du mit (　　　　　)? [wir] - Ja, ich komme mit (　　　　　). [ihr]

(2) Ich fahre mit d____ Auto zu mein____ Tante.

(3) Nach d____ Essen gehe ich spazieren.

(4) Wohnen Sie bei Ihr____ Eltern? - Ja, ich wohne noch bei (　　　　　). [sie]

(5) Ich weiß nichts von (　　　　). [er]

(6) Seit ein____ Monat lerne ich Französisch.

2 4格支配の前置詞

| durch | für | gegen | ohne | um |

🖉練習 下線に語尾を入れ、（　）に［　］の語を適切な形にして入れよ。

(1) Er arbeitet für sein____ Familie.

(2) Ohne (　　　　) ist mein Leben tot. [du]

(3) Der Zug fährt durch ein____ Tunnel in das Schneeland. （in＋4格→下の 3）.

(4) Ich bin gegen Ihr____ Meinung.

(5) Die Erde kreist um d____ Sonne.

3 3・4格支配の前置詞 A2レベル

| an | auf | hinter | in | neben |
| über | unter | vor | zwischen | |

・3格と4格の両方をとる前置詞は、3格が続くと移動がないことを、4格が続くと移動があることを表す。

Ich lese in **der** Bibliothek Bücher. Also gehe ich in **die** Bibliothek.

✎練習 下線に語尾を入れ、（　）に ［　　］の語を適切な形にして入れよ。

(1) Er geht oft in d＿＿＿ Restaurant.

(2) Er isst oft in d＿＿＿ Restaurant.

(3) Er tritt unter ein＿＿＿ Baum.

(4) Er schläft unter ein＿＿＿ Baum.

(5) Die Katze läuft zwischen （　　　　）und （　　　　）. [er, sie]

(6) Die Katze sitzt zwischen （　　　　）und （　　　　）. [er, sie]

(7) Der König stellt einen Soldaten vor d＿＿＿ Tor.

(8) Ein Soldat steht vor d＿＿＿ Tor.

(9) Luther wirft das Tintenfass an d＿＿＿ Wand.

(10) Ein Tintenfleck bleibt an d＿＿＿ Wand.

4 前置詞と定冠詞の融合形 ◀42

im	← in dem	Ich spiele im Zimmer Videospiele.
ins	← in das	Sie geht oft ins Kino.
vom	← von dem	Vom Bahnhof kommt er zu Fuß hierher.
zum	← zu dem	Geh bitte zum Markt und kaufe Gemüse!
zur	← zu der	Wie kommst du zur Uni?
am	← an dem	Sie sitzt am Tisch und isst.
ans	← an das	Er geht ans Fenster und liest da ein Buch.

5 動詞や形容詞と結びつく前置詞 ◀43

・動詞や形容詞の中には特定の前置詞を伴うものがある。

auf 人・事^4 warten	Ich warte auf ihn.
von 事^3 abhängig sein	Erfolg ist oft von einem Zufall abhängig.
Es geht um 事^4.	Mir geht es um das Geld.

6 wo[r]＋前置詞、da[r]＋前置詞 A2レベル ◀44

・前置詞＋wasの意味は、〈wo[r]＋前置詞〉で表される。

Worauf wartest du? - Ich warte auf das Glück.

Worum geht es in dem Buch? - Es geht da um die Liebe.

・前置詞＋esの意味は、〈da[r]＋前置詞〉で表される。

Ich habe ein Smartphone und telefoniere damit.

Sie hilft mir immer und ich danke ihr dafür.

Übungen

1 （　　）内の正しい選択肢に〇を付けよ。

① Der Vater hängt das Bild an （ der ・ die ） Wand.
② Der Hund liegt auf （ dem ・ das ） Sofa.
③ Elias schaut （ im ・ ins ） Wohnzimmer einen Film.
④ Alina stellt die Flasche （ im ・ in den ） Kühlschrank.
⑤ Der Stuhl steht （ am ・ an den ） Tisch.
⑥ Michael legt den Löffel neben （ dem ・ den ） Teller.
⑦ Die Katze klettert auf （ dem ・ das ） Klavier.
⑧ Daniel sitzt neben （ seiner ・ seine ） Frau.
⑨ Die Lampe steht （ vor dem ・ vors ） Fenster.

2 会話を聞き、（　　）内に適切な語を入れよ。また、設問に答えよ。　◀45

Philipp:　Hast du Pläne （　　　　　　　　） die Sommerferien?

Michelle: （　　　　　　　） August reise ich （　　　　　　　） die Schweiz.

Philipp:　Das klingt schön.　Was （　　　　　　） du denn dort?

Michelle: Ich besuche den Reichenbachfall*.

Philipp:　Bist du vielleicht ein Fan （　　　　　　） Sherlock Holmes?

Michelle: Genau. （　　　　　　　） Kindheit an lese ich gerne Sherlock Holmes.

　　　　　 （　　　　　　　） dem Grund lerne ich fleißig Englisch.

Philipp:　Ach so.　Und wie fährst du dorthin? （　　　　　　） dem Zug?

Michelle: Nein, mit （　　　　　　） Auto.

Philipp:　Das ist spannend! Gute Reise!

*Reichenbachfall：ライヘンバッハの滝（コナン・ドイルのシャーロック・ホームズ・シリーズ『最後の事件』
の舞台）

① Wann reist Michelle?

_____

② Was besucht Michelle in der Schweiz?

_____

③ Was liest Michelle gerne?

_____

④ Wie fährt Michelle an den Reichenbachfall?

_____

3 次のドイツ語を日本語に訳せ。

① Die Bank steht zwischen den zwei Bäumen.

② Romeo kommt unter den Balkon.

③ Das Flugzeug fliegt übers Meer.

④ Hinter dem Regal liest der Schüler ein Buch.

⑤ Klebe bitte das Plakat an die Mauer!

⑥ Die Bürgermeisterin fährt vors Rathaus.

4 次の日本語をドイツ語に訳せ。［　　］内の語を参考にすること。

① ヤン（Jan）が君のこと待ってるよ。［auf 人・事^4 warten］

② その小説（Roman, *m.*）もう読み終わった？（←君はすでに小説を終えたか）［mit 事^3 fertig sein］

③ ケーニヒさん（Frau König）は息子のことが自慢だ。［stolz auf 人・事^4 sein］

④ あの男の人、何度も（oft）あなたのこと聞いてくるんだけど。（←彼は君について尋ねる）［人^4 nach 事^3 fragen］

⑤ その写真（Foto, *n.*）を見ると、私は彼のことを思い出す。（←写真が私に彼のことを思い出させる）［人^4 an 事・人^4 erinnern］

⑥ この計画（Plan, *m.*）は君たち（親称）次第だ。［von 事・人^3 abhängig sein］

自分について 表現 してみよう ◀46

移動の手段と場所 「私は〜で…へ行く」

Ich fahre mit +〈3格〉+ zu +〈3格〉.（動詞、前置詞はケースで変わる）

Wohin und wie gehst du?

- Ich gehe zu Fuß in den Park.
- Ich fahre mit dem Fahrrad und der U-Bahn zur Uni.
- Ich fliege mit dem Flugzeug in die Schweiz.
- Ich fliege nach Deutschland.

〈手段〉

徒歩で行く	zu Fuß gehen	自動車で行く	mit dem Auto fahren
自転車で行く	mit dem Fahrrad fahren	電動アシスト自転車で行く	mit dem E-Bike fahren
バイクで行く	mit dem Motorrad fahren	電車で行く	mit dem Zug fahren
地下鉄で行く	mit der U-Bahn fahren	路面電車で行く	mit der Straßenbahn fahren
バスで行く	mit dem Bus fahren	タクシーで行く	mit dem Taxi fahren
飛行機で行く	fliegen または	船で行く	mit dem Schiff fahren
	mit dem Flugzeug fliegen		

〈場所〉

公園へ	in den Park または zum Park	大学へ	zur Uni または in die Uni
劇場へ	ins Theater	図書館へ	in die Bibliothek
映画館へ	ins Kino	郵便局へ	zur Post/auf die Post
博物館、美術館へ	zum Museum/ins Museum	スーパーへ	zum Supermarkt または
駅へ	zum Bahnhof/zur Station		in den Supermarkt
レストランへ	ins Restaurant	本屋へ	zur Buchhandlung または
町中へ	in die Stadtmitte		in die Buchhandlung
海へ	ans Meer	飲み屋へ	in die Kneipe
山へ	ins Gebirge	プールへ	ins Schwimmbad
野原へ	auf die Wiese	湖へ	an den See
ドイツへ	nach Deutschland	川へ	an den Fluss
スイスへ	in die Schweiz	島へ	auf eine Insel
沖縄へ	nach Okinawa	オーストリアへ	nach Österreich
友達の所へ (25ページ参照)		アメリカへ	nach Amerika または in die USA
zu einem Freund/		パリへ	nach Paris
zu einer Freundin/		恋人の所へ (25ページ参照)	
zu meinem Bekannten/		zu meinem Freund/	
zu meiner Bekannten		zu meiner Freundin	
ベンヤミン君の所へ zu Benjamin		斎藤さんの所へ zu Herrn/Frau Saito	

Kolumne 6 ドイツ語と英語の略語

　日本はドイツ語から多くの用語を輸入し、それを日本語の中で使っていました。そのため、アルファベットの読み方もしばしばドイツ語読みをされることがありました。ドイツの自動車BMWは今では「ビー・エム・ダブリュー」と読むのが一般的ですが、かつてはドイツ語読みの「ベー・エム・ヴェー」の方がよく知られていました。また、現在の学校教育では、酸性・アルカリ性の程度を表すpHは「ピー・エイチ」という読み方で習います。しかし、かつて日本では「ペー・ハー」の読み方で教えられていました。日本におけるドイツ語の影響力が分かります。現在でも、ある世代以上の日本人はこれらのドイツ語読みを使うことがあります。

　ドイツの事情はどうでしょうか。もちろん、ドイツ語の略語はドイツ語で発音されます。一方、ドイツ語における英単語の略称は少し違います。ドイツ語で発音されるものには例えば、USA（アメリカ合衆国）「ウー・エス・アー」やDNA（デオキシリボ核酸）「デー・エヌ・アー」があります。しかし、ドイツにおける英語の影響は非常に強くなっています。南ドイツ新聞の記事（2016年11月4日）は、英単語の略字を英語風に発音することが普通になって久しいと指摘しています。

　この記事によると、ISS（国際宇宙ステーション）は「アイ・エス・エス」、GPS（全地球測位システム）は「ジー・ピー・エス」と、英語圏での発音をそのまま使います。英語圏の人名も同様の傾向です。『指輪物語』の著者J.R.R.トールキンのイニシャル部分は「ジェー・アール・アール」、アメリカ大統領ケネディのイニシャルJFKは「ジェー・エフ・ケー」が最も自然に聞こえるようです。

　興味深いのは、ドイツ語において原語で発音される外来語の略語は英語だけだということです。南ドイツ新聞のコラムニストが思いついた唯一の例外はフランス語のTGV（フランスの高速鉄道）「テ・ジェ・ヴェ」だけのようです。

ラベルに表記された「ペーハー」

TGV　　　　　　©Alexandros Michailidis/Shutterstock.com

Lektion 7 | 話法の助動詞、**möchte**、未来形

例文　◀47

Kannst du Klavier spielen?　-　Nein. Aber ich möchte es lernen.

1 話法の助動詞　◀48

・「〜できる」（英語の*can*）、「〜しなければならない」（英語の*must*）などを「話法の助動詞」と呼ぶ。（話法とは、出来事の可能性についての話者の判断を意味する。）

<table>
<tr><th colspan="2">können「できる」</th></tr>
<tr><td>ich kann</td><td>wir können</td></tr>
<tr><td>du kannst</td><td>ihr könnt</td></tr>
<tr><td>er kann</td><td>sie können</td></tr>
<tr><td colspan="2" align="center">Sie können</td></tr>
</table>

<table>
<tr><th colspan="2">müssen「しなければならない」</th></tr>
<tr><td>ich muss</td><td>wir müssen</td></tr>
<tr><td>du musst</td><td>ihr müsst</td></tr>
<tr><td>er muss</td><td>sie müssen</td></tr>
<tr><td colspan="2" align="center">Sie müssen</td></tr>
</table>

<table>
<tr><th colspan="2">mögen「かもしれない」</th></tr>
<tr><td>ich mag</td><td>wir mögen</td></tr>
<tr><td>du magst</td><td>ihr mögt</td></tr>
<tr><td>er mag</td><td>sie mögen</td></tr>
<tr><td colspan="2" align="center">Sie mögen</td></tr>
</table>

<table>
<tr><th colspan="2">wollen「するつもりだ」</th></tr>
<tr><td>ich will</td><td>wir wollen</td></tr>
<tr><td>du willst</td><td>ihr wollt</td></tr>
<tr><td>er will</td><td>sie wollen</td></tr>
<tr><td colspan="2" align="center">Sie wollen</td></tr>
</table>

<table>
<tr><th colspan="2">sollen「するべきだ」</th></tr>
<tr><td>ich soll</td><td>wir sollen</td></tr>
<tr><td>du sollst</td><td>ihr sollt</td></tr>
<tr><td>er soll</td><td>sie sollen</td></tr>
<tr><td colspan="2" align="center">Sie sollen</td></tr>
</table>

<table>
<tr><th colspan="2">dürfen「してもよい」</th></tr>
<tr><td>ich darf</td><td>wir dürfen</td></tr>
<tr><td>du darfst</td><td>ihr dürft</td></tr>
<tr><td>er darf</td><td>sie dürfen</td></tr>
<tr><td colspan="2" align="center">Sie dürfen</td></tr>
</table>

・助動詞と結びつく不定詞（動詞の原形）は文末に置かれる。（枠構造）

Er **kann** gut Deutsch **sprechen**.

Wir **müssen** manchmal Sport **treiben**.

練習（　　）に［　　］の語を適切な形にして入れよ。

(1)（　　　　　　　　　） ich Ihnen helfen? - Ja, danke. [können]

(2) Du（　　　　　　　　） mehr lernen. [müssen]

Wir **wollen** in den Sommerferien in die USA **fliegen**.

Du **sollst** zum Professor **gehen**.

練習（　　）に［　　］の語を適切な形にして入れよ。

(1) Ich（　　　　　　　　） im Ausland studieren. [wollen]

(2) Du（　　　　　　　　） nicht stehlen. [sollen]

Er **mag** schon dreißig Jahre alt **sein**.

Ihr **dürft** hier laut **sprechen**, denn niemand ist da.

練習（　　）に［　　］の語を適切な形にして入れよ。

(1) Das（　　　　　　　） wahr sein. [mögen]

(2) Hier（　　　　　　　） man nicht parken. [dürfen]

・müssenは否定文で「〜しなくてよい」を意味する。
・dürfenは 否定文で「〜してはならない」を意味する。
　Du **musst** es nicht machen.
　Du **darfst** es nicht machen.

・mögenは他動詞として「[4格のもの] を好む、[4格のもの] が好き」を表す。
　Ich **mag** Schwarztee.

2 **möchte** 🔊49

・「〜したい」という願望を表すには、möchte（mögenの接続法2式→86ページ）を用いる。

möchte	
ich möchte	wir möchten
du möchtest	ihr möchtet
er möchte	sie möchten
Sie möchten	

Ich **möchte** in die Schweiz fahren.

・möchteは他動詞として「[4格のもの] がほしい」を表すこともできる。
　Möchtest du mehr Geld? - Nein. Ich **möchte** mehr Talent.

✏️練習（　）にmöchteを適切な形にして入れよ。
（1）Was（　　　　　　　）du werden? - Ich（　　　　　　　）Unternehmer werden.
（2）Was（　　　　　　　）ihr? - Wir（　　　　　　　）Zeit.

3 **未来形** B1レベル 🔊50

・未来形はwerden＋不定詞で作られる。（wollenは未来形を作らない。）
　Sie **wird** bald **kommen**.

・未来形は現在についての「推量」を表すことがある。
　Er **wird** krank **sein**.

・未来形は主語が1人称のとき、「〜するつもりだ」「意思」を表すことがある。
　Ich **werde kommen**.

・未来形は主語が2人称のとき、「〜するのだ」という「要求」を表すことがある。
　Du **wirst kommen**!

✏️練習（　）にwerdenを適切な形にして入れよ。
（1）Das Mädchen（　　　　　　　）ein Star werden.
（2）Ihr（　　　　　　　）wohl die Prüfung bestehen.

Übungen

1 聞き取った語を（　）に入れ、そのあとの質問に話法の助動詞や未来形を使ってドイツ語で答えよ。 ◀51

Markus: Hallo Lea. Wie geht's dir?

Lea: Danke, gut. Heute （　　　　　　） ich mit Nora Tennis spielen. （　　　　　　）
du auch kommen?

Markus: Ja, gerne. Wo （　　　　　） ihr spielen?

Lea: Noch keine Ahnung. Es （　　　　　） nicht so weit von hier sein. Nora
（　　　　　） um 18 Uhr nach Hause kommen. Kennst du einen Tennisplatz in
der Nähe?

Markus: Dann spielen wir an der Uni! Übrigens, （　　　　　） Tim auch kommen? Wir
（　　　　　） nicht gut zu dritt spielen.

Lea: Ja, klar!

① Was wird Lea heute machen?

② Wann muss Nora nach Hause kommen?

③ Wo will Markus Tennis spielen?

④ Wer wird mit Markus, Lea und Nora Tennis spielen?

2 各設問の**A**と**B**の（　）には同じ話法の助動詞が入る。[　]内の日本語の意味を参考にして、
適切な形にして入れよ。

① A: （　　　　　　） du alleine kochen? [〜できる]

B: Nina （　　　　　） krank sein. [〜かもしれない]

② A: Ihr （　　　　　） morgen früh kommen. [〜すべきだ]

B: Marcel （　　　　　） eine Freundin haben. [〜と言われている]

③ A: Wir （　　　　　） bis morgen das Projekt zu Ende bringen. [〜せねばならない]

B: Finn （　　　　　） in Innsbruck sein. [〜に違いない]

④ A: Der Hund （　　　　　） meine Worte verstehen. [〜かもしれない]

B: （　　　　　） du Gulasch? [〜が好きだ]

3 │ 次の日本語をドイツ語に訳せ。必ず助動詞を使うこと。

① ギター（Gitarre, *f.* 無冠詞で）弾ける？（←君はギターを演奏することができるか）

_____

② 宿題（Hausaufgaben, *pl.*）をやり（machen）なさい。（←お前はお前の宿題をするべきだ）

_____

③ ゾフィー（Sophie）は首相（Bundeskanzlerin, *f.* 無冠詞で）になる（werden）に違いない。

_____

④ 週末に（am Wochenende）海に（ans Meer）に行かない？（←私たちは……行こうか Wollen wir …
fahren?）

_____

4 │ 自分についてドイツ語で答えよ。

① Was möchtest du werden?（→30ページ）

_____

② Möchtest du nach Europa fahren?

_____

③ Möchtest du jetzt etwas trinken?（→4ページ 1 ⑤）

_____

④ Was möchtest du heute Abend essen?（→78ページ）

_____

⑤ Möchtest du auf den Mond reisen?

_____

自分について 表 現 してみよう 🔊52

ほしいもの 「私は～がほしい」
Ich möchte ＋ [ein..] 〈4格〉.

Was möchtest du? - Ich möchte einen Anzug.
- Ich möchte Schuhe.

(18ページも参照)

服	Kleidung *f.* -/-en (無冠詞で)	靴	Schuh *m.* -es/-e (複数無冠詞で)
スーツ	Anzug *m.* -es/..züge	ブーツ	Stiefel *m.* -s/- (複数無冠詞で)
(女性の) スーツ	Kostüm *n.* -s/-e	ワンピース	Kleid *n.* -es/-er
コート	Mantel *m.* -s/Mäntel	ジャケット	Jacke *f.* -/-n
レインコート	Regenmantel *m.* -s/..mäntel	ネクタイ	Krawatte *f.* -/-n または Schlips *m.* -es/-e
ベスト	Weste *f.* -/-n	セーター	Pullover *m.* -s/-
ズボン	Hose *f.* -/-n	エプロン	Schürze *f.* -/-n
スカート	Rock *m.* -es/Röcke	ベルト	Gürtel *m.* -s/-
Tシャツ	T-Shirt *n.* -s/-s	ブラウス	Bluse *f.* -/-n
手袋	Handschuh *m.* -es/-e (複数無冠詞で)	マフラー	Schal *m.* -s/-s
帽子	Hut *m.* -es/Hüte	(つばのない) 帽子	Mütze *f.* -/-n
靴下	Socke *f.* -/-n (複数無冠詞で)	ストッキング	Strumpfe *m.* -es/Strümpfe (複数無冠詞で)
指輪	Ring *m.* -es/-e	ネックレス	Halskette *f.* -/-n
ピアス	Piercing *n.* -s/-s	口紅	Lippenstift *m.* -es/-e
香水	Parfüm *n.* -s/-s または -e (無冠詞で)	宝石	Edelstein *m.* -[e]s/-e (複数無冠詞で)
水着	Badeanzug *m.* -es/..züge	パジャマ	Schlafanzug *m.* -es/..züge
鏡	Spiegel *m.* -s/-	お金	Geld *n.* -es/ (無冠詞で)
水	Wasser *n.* -s/ (不定冠詞付きで)	お茶	Tee *m.* -s/ (不定冠詞付きで)
コーヒー	Kaffee *m.* -s/ (不定冠詞付きで)	ジュース	Saft *m.* -es/Säfte (不定冠詞付きで)
ワイン	Wein *m.* -es/ (不定冠詞付きで)	ビール	Bier *n.* -es/ (不定冠詞付きで)
牛乳	Milch *f.* -/ (不定冠詞付きで)	清涼飲料水	Erfrischung *f.* -/-en (不定冠詞付きで)
甘い物	Süßigkeit *f.* -/-en (複数無冠詞で)	ガム	Kaugummi *m./n.* -s/ (不定冠詞付きで)
ビスケット	Keks *m.* -es/-e (無冠詞で)	デザート	Nachtisch *m.* -es/-e
時間	Zeit *f.* -/-en (無冠詞で)	タイムマシン	Zeitmaschine *f.* -/-n
名声	Ruhm *m.* -es/ (無冠詞で)	いいね	Like *n.* -s/-s (複数無冠詞で)
彼氏	Freund *m.* -es/-e (不定冠詞付きで)	彼女	Freundin *f.* -/-nen (不定冠詞付きで)
才能	Talent *n.* -s/-s (無冠詞で)	知性	Intelligenz *f.* -/-en (無冠詞で)
平安	Ruhe *f.* -/ (無冠詞で)	健康	Gesundheit *f.* -/ (無冠詞で)
体力	Kraft *f.* -/Kräft (無冠詞で)	忍耐	Ausdauer *f.* -/ (無冠詞で)
活発さ	Beweglichkeit *f.* -/ (無冠詞で)	機敏さ	Schnelligkeit *f.* -/ (無冠詞で)
集中力	Konzentrationsfähigkeit *f.* -/-en (無冠詞で)	予知能力	Vorhersagefähigkeit *f.* -/-en (無冠詞で)

42

話法の助動詞とは？

　「助動詞」とはそもそも何でしょうか。文字通り、「動詞を助けるもの」だというところまではいいでしょう。日本語にも「助動詞」がありますが、それも「動詞を助ける」ものです。ただし、ヨーロッパの言語と日本語で異なるのは、ヨーロッパ言語の助動詞はそれ自体が動詞だということです。「（さ）せる」や「（ら）れる」などは動詞と同じような語形変化（活用）をしますので、「動詞的」ではありますが、動詞そのものではありません。「らしい」にいたっては、変化は「形容詞的」であって、まったく「動詞的」でさえありません。一方、wollenやkönnenなどはそれ自体が一つの単語として独立した動詞であり、主語に合わせて人称変化をします。ヨーロッパ言語の助動詞は「他の動詞を助ける動詞」なのです。

　さてそれでは、ドイツ語でなぜ「話法の助動詞」という耳慣れない用語が使われるのでしょうか。「～できる」とか「～しなければならない」のような意味を表すということを考えると、英語で単に「助動詞」と呼ぶように、ドイツ語でも「話法の」はなくてもいいのではないでしょうか。

　「話法」Modusとは、ある出来事を事実として表すのか、命令や希望や仮定や伝聞など、事実とは異なる次元のものとして表すのか否かという区別を意味します。ラテン語やギリシア語などのヨーロッパの古典語では、それが動詞の語形変化によって表されていましたが、ドイツ語ではその役割を部分的に「助動詞」が担うようになりました。ただし、「話法」という用語には、もともとなかった「話者の主観的な判断」という意味が新たに付け加わったため、結局この文法用語が何を意味するのかが不明瞭になっています。（さらには、「直接話法」、「間接話法」という、まったく別のタイプの「話法」（Rede）もあり、話が混乱するばかりです。）

　そうなると、意味が曖昧な「話法の」という但し書きはとった方がよいのではないかと思われるでしょう。ところが、ここがややこしいところですが、ドイツ語では、英語で助動詞と言われるもの以外にも「助動詞」と呼ばれるものがあります。「～した」を意味する完了形は「haben＋過去分詞」もしくは「sein＋過去分詞」で表されますが（→Lektion 9）、このhabenやseinを「完了の助動詞」と呼びます。また、「～される」を意味する受動態は「werden＋過去分詞」で表されますが（→Lektion 14）、このwerdenも「受動の助動詞」と呼ばれます。さらには、「～させる」を表すlassenも「使役の助動詞」と呼ぶことがあります。

　というわけで、「話法の」は絶対に必要というわけではないのですが、「助動詞」だけだと、どの「助動詞」なのかが分からなくなるので、付けるのが慣習となっているのです。なお、英語でも言語学的な記述では、can, mustなどを単に「助動詞」ではなく、「法助動詞」と呼ぶことが多いです。

Lektion 8 | 分離動詞と非分離動詞、時刻表現

例文
Um wie viel Uhr stehst du auf? - Ich stehe um sieben Uhr auf.

◀53

1 分離動詞 ◀54

・分離動詞は、〈前つづり〉＋〈基礎動詞〉から成る。

・アクセントは前つづりに置かれる。

áuf|stehen
前つづり　基礎動詞

・分離動詞の前つづりは文末に置かれる。

・平叙文では基礎動詞は人称変化して2番目に置かれる。

・基礎動詞と前つづりで枠構造を作る。

　Ich **stehe** morgen früh **auf**.

✎ 練習　（　）に［　］の語を適切な形にして入れよ。

(1) Er (　　　　　　　) wohl bald (　　　　　　　　). [zurück\|kommen]

(2) Ich (　　　　　　　) das Fenster (　　　　　　　) und atme tief. [auf\|machen]

(3) Wann (　　　　　　　) der Regen (　　　　　　　)? [auf\|hören]

(4) David, (　　　　　　　) bitte das Fenster (　　　　　　　)! [zu\|machen]

(5) (　　　　　　　) du im April (　　　　　　　)? [um\|ziehen]

・基礎動詞（動詞本体）が不規則変化であれば、分離動詞も不規則変化になる。

　Wann **fährt** der Zug **ab**? - Er **fährt** um 16.48 Uhr **ab**. （＜ab\|fahren）

　（um 16.48 Uhr = um **sechzehn** Uhr **achtundvierzig**）

✎ 練習　（　）に［　］の語を適切な形にして入れよ。

(1) Ich glaube, du (　　　　　　　) in der Prüfung nicht (　　　　　　　). [durch\|fallen]

(2) Er (　　　　　　　) allmählich (　　　　　　　), nicht wahr? [zu\|nehmen]

(3) Die Professorin (　　　　　　　) uns zum Essen (　　　　　　　). [ein\|laden]

(4) (　　　　　　　) wir mit dem Deutschlernen (　　　　　　　)! [an\|fangen]

・話法の助動詞と用いる場合（不定詞の形で用いる場合）には分離しない。

　Wo soll ich **umsteigen**?

　　- Sie müssen in Frankfurt **aussteigen** und den Zug nach Nürnberg nehmen.

2 非分離動詞 A2レベル ◀55

・非分離動詞は〈非分離の前つづり〉と〈基礎動詞〉から成る。
・非分離の前つづりには、be-, ge-, er-, ver-, zer-, ent-, emp- がある。
・アクセントは基礎動詞に置かれる。verstéhen

Verstehen Sie mich? - Ja, ich **verstehe** Sie gut.

🖊練習（　　）に［　　］の語を適切な形にして入れよ。

(1) Was (　　　　　　　　　) du? － Ich (　　　　　　　　　) die Kirche. [besuchen]

(2) (　　　　　　　　　) dich selbst! [erkennen]

・基礎動詞が不規則変化であれば、非分離動詞も不規則変化する。
　Was **gefällt** dir? - Das Hemd hier **gefällt** mir. （＜gefallen）

🖊練習（　　）に［　　］の語を適切な形にして入れよ。

(1) Du (　　　　　　　　) ihr. [gefallen]

(2) Was (　　　　　　　) du uns? - Ich (　　　　　　　) euch die Sachertorte. [empfehlen]

(3) Der Student (　　　　　　　) sehr viel. [vergessen]

(4) Das Bier (　　　　　　　) keinen Alkohol. [enthalten]

・分離動詞と非分離動詞の両方を作る前つづりがある。（durch-, über-, um-, wider-, wieder-）

Ein Gespenst **geht** in dem Haus **um**.
Wir **umgehen** den See.

3 時刻の表現 A2レベル ◀56

Wie spät ist es jetzt? - Es ist 12 Uhr.　（esは非人称の主語 → 63ページ）

・「8時20分に」はum 8.20 Uhrと書き、um acht Uhr zwanzigと発音する。
・列車の時刻などは24時間制の表現をする。
　15時37分［に］＝［um］fünfzehn Uhr siebenunddreißig

・日常会話では12時間制の表現をする。

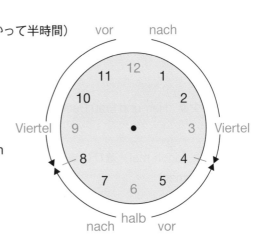

1時半［に］	＝［um］halb zwei （2時に向かって半時間）
4時10分［に］	＝［um］zehn nach vier
7時15分［に］	＝［um］Viertel nach sieben
9時10分前［に］	＝［um］zehn vor neun
12時15分前［に］	＝［um］Viertel vor zwölf
5時25分［に］	＝［um］fünf vor halb sechs
6時35分［に］	＝［um］fünf nach halb sieben

Übungen

1 [　　　] から適切な語を選び、(　　　) 内を埋めよ。

A

① Tobias, stell mich bitte Herrn Professor Yidiz (　　　　　)!

② Ich nehme auf die Reise zwei Pullover (　　　　　).

③ Um 9.30 Uhr fährt Noah vom Hauptbahnhof Luzern (　　　　　).

[ab　　vor　　mit]

B

① Kant geht jeden Tag pünktlich (　　　　　).

② Wir gehen am Samstag ans Meer. Kommst du auch (　　　　　)?

③ Ich lade Emilia und Hanna zu meiner Geburtstagsparty (　　　　　).

[mit　　spazieren　　ein]

C

① Stimmt ihr dem Vorschlag (　　　　　)?

② Nächste Woche fangen wir mit dem Projekt (　　　　　).

③ Liam sieht gut (　　　　　).

[aus　　zu　　an]

2 次の日本語をドイツ語に訳せ。

① ネットで（im Internet）服（Kleidung, *f.* 無冠詞で）、売ってる（verkaufen）の？（←君はインターネットで服を売るか？）

② 3時半（halb）に子供たちを幼稚園に迎えに行く（vom Kindergarten ab|holen）よ。（←3時半に私は私の子供たちを幼稚園に迎えに行く）

③ ノイマンさん（Herr Neumann）、どうぞこの一文（diesen Satz）を読み上げてください（vor|lesen）。

④ ザムエル（Samuel）は娘におとぎ話（Märchen, *n.*）を聞かせる。（←彼の娘に一つのおとぎ話を語るerzählen）

⑤ ベッカー夫妻（Herr und Frau Becker）は6月 （→84ページ） にベルン（Bern）へ引っ越す（um|ziehen）。

⑥ ぜひ一度（doch mal）遊びにきてね！（duに対する命令形で　←私のところに立ち寄る bei 人³ vorbei|kommen）

3 聞き取った語を（　　）に入れ、質問に日本語で答えよ。 ◀57

Lehrerin: Paul, warum (　　　　　　　　) du oft die Hausaufgaben zu spät (　　　　　　)?
Du (　　　　　　) immer die Fristen.

Paul: Es tut mir leid, Frau Hoffmann. Ich (　　　　　　) oft nach der Schule viel
(　　　　　　), deswegen habe ich keine Zeit zum Lernen.

Lehrerin: Das ist sehr schlimm. Du kannst vielleicht die Prüfung nicht (　　　　　　). Um
wie viel Uhr (　　　　　) du morgens (　　　　　)?

Paul: Tja, ungefähr um halb (　　　　　).

Lehrerin: Du solltest* jeden Morgen um sechs mit den Hausaufgaben (　　　　　).
Dann kannst du auch den Unterricht (　　　　　).

Paul: Das (　　　　　) ich. Ich (　　　　　) es ab morgen...

*solltest: sollenの接続法第2式「〜したほうがいい」(→92ページ)

① Warum gibt Paul die Hausaufgaben zu spät ab?

_____

② Um wie viel Uhr steht Paul morgens auf?

_____

③ Was schlägt die Lehrerin Paul vor?

_____

4 自分たちの授業について、質問にドイツ語で答えよ。

① Um wie viel Uhr beginnt die erste Stunde? (die erste Stunde 1時間目 → 84ページ)

_____

② Um wie viel Uhr beginnt die zweite Stunde?

_____

③ Um wie viel Uhr beginnt die dritte Stunde?

_____

④ Um wie viel Uhr beginnt die vierte Stunde?

_____

自分について 表 現 してみよう 🔊58

起床 「私は〜時に／〜時頃に起きる」
Ich stehe um/gegen ＋〈時刻〉［＋ Uhr］auf.

Um wie viel Uhr stehst du auf? - Ich stehe um zehn Uhr auf.
- Ich stehe gegen zehn Uhr auf.

朝食 「私は〜時に／〜時頃に朝食をとる」
Ich frühstücke um/gegen ＋〈時刻〉［＋ Uhr］.

Um wie viel Uhr frühstückst du? - Ich frühstücke um Viertel nach zehn.

登校 「私は〜時に／〜時頃に大学へ行く」
Ich gehe um/gegen ＋〈時刻〉［＋ Uhr］in die Uni/Hochschule.

Um wie viel Uhr gehst du in die Uni/Hochschule?
- Ich gehe um Viertel nach zwölf in die Uni/Hochschule.

昼食 「私は〜時に／〜時頃に昼食をとる」
Ich esse um/gegen ＋〈時刻〉［＋ Uhr］zu Mittag.

Um wie viel Uhr isst du zu Mittag? - Ich esse um halb eins zu Mittag.

バイト 「私は〜時に／〜時頃にバイトに行く」
Ich gehe um/gegen ＋〈時刻〉［＋ Uhr］jobben.

Um wie viel Uhr gehst du jobben? - Ich gehe um 17 Uhr jobben.

帰宅 「私は〜時に／〜時頃に帰宅する」
Ich komme um/gegen ＋〈時刻〉［＋ Uhr］nach Hause.

Um wie viel Uhr kommst du nach Hause?
- Ich komme gegen halb neun nach Hause.

夕食 「私は〜時に／〜時頃に夕食をとる」
Ich esse um/gegen ＋〈時刻〉［＋ Uhr］zu Abend.

Um wie viel Uhr isst du zu Abend? - Ich esse um neun Uhr zu Abend.

入浴／シャワー 「私は〜時に／〜時頃に風呂に入る／シャワーを浴びる」
Ich bade/dusche um/gegen ＋〈時刻〉［＋ Uhr］.

Um wie viel Uhr badest du? - Ich bade um zehn Uhr.
Um wie viel Uhr duschst du? - Ich dusche gegen elf Uhr.

就寝時刻 「私は〜時に／〜時頃に寝る」
Ich gehe um/gegen ＋〈時刻〉＋ Uhr ins Bett.

Um wie viel Uhr gehst du ins Bett? - Ich gehe um zwei Uhr ins Bett.

Kolumne 8 ハプスブルク家

　ハプスブルク家はヨーロッパ随一の名門一族としてその名を知られています。15世紀から19世紀まで神聖ローマ帝国（ドイツ）の皇帝を代々輩出し、その後は20世紀初頭までオーストリア皇帝として君臨しました。

　1919年に第一次世界大戦が終結すると、ハプスブルク家は財産を没収された上、国外追放となりました。しかし、2011年に最後の皇太子オットーが亡くなった際、葬儀では帝国時代の国歌『オーストリア皇帝讃歌』が唱和され、現役の共和国大統領や首相も参列しました。現代オーストリアにおけるハプスブルク家の特別な地位がうかがえます。

　2015年以降オーストリアが中東からの移民や難民を数多く受け入れると、キリスト教的価値観を重んじる「聖ゲオルク騎士団」という団体が急速にメンバーを増やしました。この騎士団は2008年に貴族の子孫たちによって設立され、ハプスブルク家が支配した多民族帝国を理想視しています。メンバーが忠誠を誓うのはカール総長（ハプスブルク家当主）です。オーストリアではかつての大帝国や皇帝家の栄光に対するノスタルジーが今なお色濃く残るようです。

　ハプスブルク家は日本でも根強い人気を誇ります。美貌と悲劇的な死で有名な皇后エリザベートを描いたミュージカル『エリザベート』はウィーン生まれですが、日本でも大成功を治め、すでに20年を超えるロングラン公演が行われています。ミュージカル俳優だけでなく、テレビや映画でおなじみの有名人が多数出演していることもからも、この作品が日本の現代文化の中で一定の位置を占めていることが分かります。更に古い作品としては漫画『ベルサイユのばら』があります。ハプスブルク家出身の王妃マリー・アントワネットを主要登場人物とするこの作品の人気は言うまでもありません。ハプスブルク家のメンバーの魅力的なキャラクターや彼らにまつわる印象的なエピソードは、日本のポップカルチャーと親和性があるのかもしれません。また、オーストリアのヴィーナー・ツァイトゥング紙は2009年10月1日の記事で、「オーストリア皇帝家の歴史は（皇室の伝統を持つ）日本においてわが国への多大な親近感をもたらしている」と指摘しています。

ハプスブルク家の
皇帝としての紋章

Lektion **9** | 動詞の**3基本形**、現在完了形

例文 **Was hast du gestern gemacht?** ◀59
　　 - Ich bin ins Kino gegangen und habe einen Film gesehen.

1 動詞の**3基本形** ◀60

・不定詞（動詞の原形）、過去（基本）形、過去分詞を動詞の3基本形と呼ぶ。

①規則変化動詞：過去形は〈語幹＋-te〉、過去分詞は〈ge-＋語幹＋-t〉で作られる。（語幹が -tや -d で終わる動詞は語幹のあとに -e- が加わる。）

不定詞		過去形		過去分詞
lernen	-	lernte	-	gelernt
arbeiten	-	arbeitete	-	gearbeitet

練習 次の動詞の過去形と過去分詞を挙げよ。

(1) sagen - - (2) kaufen - -

(3) warten - - (4) reden - -

②不規則変化動詞の3基本形：動詞変化表を調べて一つ一つ覚える。

練習 次の動詞の過去形と過去分詞を挙げよ。

(1) sein - - (2) haben - -

(3) kommen- - (4) gehen - -

(5) trinken - - (6) essen - -

(7) denken - - (8) kennen - -

③分離動詞の3基本形：次のように覚える。 A2レベル

einkaufen - kaufte ... ein - eingekauft 　　 abfahren - fuhr ... ab - abgefahren

練習 次の動詞の過去形と過去分詞を挙げよ。

(1) aufmachen - -

(2) anrufen - -

(3) umsteigen - -

(4) einschlafen - -

(5) aufstehen - -

④非分離動詞および -ierenで終わる動詞（第一音節にアクセントがない動詞）は過去分詞でge- が付かない。 A2レベル

verkaufen - verkaufte - verkauft   vergessen - vergaß - vergessen
erkennen - erkannte - erkannt   studieren - studierte - studiert

✏️練習 次の動詞の過去形と過去分詞を挙げよ。

（1）zerstören   -   -

（2）bekommen -   -

（3）verstehen   -   -

（4）reparieren   -   -

2 現在完了形 🔊61

・現在完了形はhaben＋過去分詞、もしくは、sein＋過去分詞で作る。
・多くの動詞はhabenを用いる（haben支配）。
・過去分詞が文末に置かれ、haben/seinと枠構造を作る。
・話し言葉では過去の出来事は現在完了形で表現する。（英語よりも現在完了形をよく使う。）

Ich habe gestern Fußball gespielt.

✏️練習 次の文を現在完了形の文に変えよ。

（1）Ich lerne Deutsch. →

（2）Sie isst in der Mensa. →

（3）Er schläft acht Stunden. →

（4）Was trinkst du? - Ich trinke Wasser. →

・seinを用いる動詞（sein支配の動詞）は次の三種類である。
①場所の移動を表す自動詞：
　kommen（＞gekommen）, gehen（＞gegangen）など
②状態の変化を表す自動詞：
　werden（＞geworden）, sterben（＞gestorben）など
③例外的に：sein（＞gewesen）, bleiben（＞geblieben）, begegnen（＞begegnet）

✏️練習 次の文を現在完了形に変えよ。

（1）Ich gehe in die Uni. →

（2）Sie bleibt zu Hause. →

（3）Er wird Superstar. →

Übungen

1 以下の表の空欄を埋めよ。

	不定詞（原形）	過去（基本）形	過去分詞
1		*fuhr*	
2			*gegessen*
3	*nehmen*		
4	*sehen*		
5		*sprach*	
6	*wissen*		
7		*fuhr … ab*	
8			*bestanden*

2 （　　）に適切な語を入れて現在完了の文にせよ。

① Damals （　　　　　　　　） ich noch jung gewesen.

② Die Studentin （　　　　　　　　） ihre Freundin besucht.

③ Ihr （　　　　　　） fleißig geworden.

④ Kleist （　　　　　　） mit 34 Jahren gestorben.

⑤ Wo （　　　　　　） du denn geblieben?

3 下の表をみて、どのようなことがあったかを現在完了形にして書け。

	誰が？	いつ？	何を？
例	ベン（Ben）	昨日	本を読んだ（ein Buch lesen）
①	私	今日（heute）	サッカーをした（Fußball spielen）
②	君	一昨日（vorgestern）	映画を見に行った（ins Kino gehen）
③	彼ら	昼に（zu Mittag）	パスタを食べた（Pasta essen）
④	列車（Der Zug）	11:30に	出発した（ab|fahren）
⑤	グレタ（Greta）	夏休みに（in den Sommerferien）	祖母を訪れた（ihre Oma besuchen）
⑥	彼	先日（neulich）	職を得た（eine Stelle bekommen）

例　*Ben hat gestern ein Buch gelesen.*

①

②

③

④

⑤ ＿＿＿＿＿＿＿＿＿＿＿＿＿＿＿＿＿＿＿＿＿＿＿＿＿＿＿＿＿＿＿＿＿＿＿＿＿

⑥ ＿＿＿＿＿＿＿＿＿＿＿＿＿＿＿＿＿＿＿＿＿＿＿＿＿＿＿＿＿＿＿＿＿＿＿＿＿

4　以下のSaschaの一日を表した文章を読んで問いに答えよ。

Heute bin ich mit Julia nach Berlin gefahren. Ich wollte ins Café gehen. Aber Julia hatte keinen Hunger, also sind wir nicht ins Café gegangen. Wir sind im Tiergarten spazieren gegangen. (1)Um 16 Uhr sind wir am Zoo angekommen. Julia musste aber schon um 17 Uhr nach Hause kommen, also sind wir nicht hineingegangen. Wir haben in Berlin fast nichts gemacht, aber ich konnte mit ihr viel sprechen, ich war sehr glücklich.

① 下線部（1）の文章を現在形に直せ。

＿＿＿＿＿＿＿＿＿＿＿＿＿＿＿＿＿＿＿＿＿＿＿＿＿＿＿＿＿＿＿＿＿＿＿＿＿

② 以下の文章の内容が本文に合致していれば richtig に、違っていれば falsch にチェックを入れよ。

1. Julia ist allein nach Berlin gefahren. 　　　□ richtig 　□ falsch
2. Sascha und Julia sind in den Zoo gegangen. 　□ richtig 　□ falsch
3. Sascha hat den Ausflug nach Berlin genossen. 　□ richtig 　□ falsch

5　次の四コマ漫画の1～3コマをichを主語にして現在完了形で表現せよ。

1コマ目：＿＿＿＿＿＿＿＿＿＿＿＿＿＿＿＿＿＿＿＿＿＿＿＿＿＿＿＿＿＿＿

2コマ目：＿＿＿＿＿＿＿＿＿＿＿＿＿＿＿＿＿＿＿＿＿＿＿＿＿＿＿＿＿＿＿

3コマ目：＿＿＿＿＿＿＿＿＿＿＿＿＿＿＿＿＿＿＿＿＿＿＿＿＿＿＿＿＿＿＿

起床 「私は昨日〜時に/〜時頃に起きた」
Ich bin gestern um/gegen ＋〈時刻〉[＋ Uhr] aufgestanden.
Um wie viel Uhr bist du gestern aufgestanden?
- Ich bin gestern gegen zehn Uhr aufgestanden.

朝食 「私は昨日〜時に/〜時頃に朝食をとった」
Ich habe um/gegen ＋〈時刻〉[＋ Uhr] gefrühstückt.
Um wie viel Uhr hast du gestern gefrühstückt?
- Ich habe gestern um Viertel nach zehn gefrühstückt.

登校 「私は昨日〜時に/〜時頃に大学へ行った」
Ich bin um/gegen ＋〈時刻〉[＋ Uhr] in die Uni/Hochschule gegangen.
Um wie viel Uhr bist du gestern in die Uni/Hochschule gegangen?
- Ich bin gestern um Viertel nach zwölf in die Uni/Hochschule gegangen.

昼食 「私は昨日〜時に/〜時頃に昼食をとった」
Ich habe um/gegen ＋〈時刻〉[＋ Uhr] zu Mittag gegessen.
Um wie viel Uhr hast du gestern zu Mittag gegessen?
- Ich habe gestern um halb eins zu Mittag gegessen.

バイト 「私は昨日〜時に/〜時頃にバイトに行った」
Ich bin gestern um/gegen ＋〈時刻〉[＋ Uhr] jobben gegangen.
Um wie viel Uhr bist du gestern jobben gegangen?
- Ich bin gestern um 17 Uhr jobben gegangen.

帰宅 「私は昨日〜時に/〜時頃に帰宅した」
Ich bin gestern um/gegen ＋〈時刻〉[＋ Uhr] nach Hause gekommen.
Um wie viel Uhr bist du gestern nach Hause gekommen?
- Ich bin gestern gegen halb neun nach Hause gekommen.

夕食 「私は昨日〜時に/〜時頃に夕食をとった」
Ich habe gestern um/gegen ＋〈時刻〉[＋ Uhr] zu Abend gegessen.
Um wie viel Uhr hast du gestern zu Abend gegessen?
- Ich habe gestern um neun Uhr zu Abend gegessen.

入浴／シャワー 「私は昨日〜時に/〜時頃に風呂に入る／シャワーを浴びた」
Ich habe gestern um/gegen ＋〈時刻〉[＋ Uhr] gebadet/geduscht.
Um wie viel Uhr hast du gestern gebadet oder geduscht?
- Ich habe gestern um zehn Uhr gebadet/geduscht.

就寝時刻 「私は昨日〜時に/〜時頃に寝た」
Ich bin gestern um/gegen ＋〈時刻〉＋ Uhr ins Bett gegangen.
Um wie viel Uhr bist du gestern ins Bett gegangen?
- Ich bin gestern um zwei Uhr ins Bett gegangen.

Kolumne 9 — 話法の助動詞の現在完了形

　現在完了形はhaben（もしくはsein）＋過去分詞で作られます。英語の現在完了形は、「完了」や「継続」、「経験」などに用法が限定されていますが、ドイツ語の現在完了形は広く過去一般の出来事を表すことができます。もともと13世紀頃までは、ドイツ語の現在完了形も、今の英語の現在完了形と同じように用法が限定されていました。しかし、次第に使用範囲が広がって、単なる過去を表すようになり、「昨日」gesternのような過去の時点を表す副詞を伴うこともできるようになったのです。

　現在完了形の用法が拡大すると、英語では完了形にできないような動詞も完了形にすることができるようになりました。その一つが話法の助動詞です。例えば、„Ich muss in die Stadt gehen.“「私は町に出かけなければならない」を現在完了形にして、„Ich habe in die Stadt gehen müssen.“「私は町に出かけなければならなかった」と過去の表現にすることができます。

　ここで気になるのは、müssenの過去分詞のmüssenという形です。これは過去分詞というよりは、不定詞（＝原形）ではないでしょうか。実際、この過去分詞のmüssenは「代替不定詞」と呼ばれます。「過去分詞」を「代替」する「不定詞」という意味です。過去分詞として用いられる不定詞なのですから、これを不定詞と呼んでも間違いにはならないでしょう。

　話法の助動詞が完了形を作るようになったのは15世紀頃からですが、その当時すでに、話法の助動詞の過去分詞は不定詞の形をとることが多かったようです。なぜそんなことになったのかはよく分かっていません。

　一説には、lassenの完了形にならったと言われます。もともと過去分詞でge-が付かない動詞がいくつかありました。例えば、kommen「来る」の過去分詞はkommenであり、werdenの過去分詞はwordenでした。同じように、lassen「〜させる」の過去分詞もge-が付かないlassenでした。

　lassenの過去分詞がlassenだとすると、その現在完了形は „Ich habe es hören lassen.“「私はそれを聞かせた」のようになります。hören「聞く」はlassenによって支配される不定詞ですが、過去分詞のlassenも不定詞と同形なので、不定詞が二個並ぶように見えます。ここから、不定詞をとる動詞においては、完了形の過去分詞が不定詞と同形になるという類推が働いて、話法の助動詞の過去分詞も不定詞の形になったというわけです。

　ただ、話法の助動詞の完了形がこのように奇妙な形をとるとしても、あまり気にしなくてよいかもしれません。なぜなら、話法の助動詞を過去の表現にする場合、„Ich musste in die Stadt gehen.“ のように過去形にすることが多いからです。

Lektion 10 | 過去形、再帰動詞

例文 **Warst du mal in Spanien?** ◀63
  - Nein. Aber ich interessiere mich für Spanien.

1 過去形の人称変化 A2レベル ◀64

ich	-	wir	-[e]n
du	-st	ihr	-t
er	-	sie	-[e]n
	Sie	-[e]n	

クイズ 現在形でこの語尾変化をする動詞がありましたが、それは何だったでしょう？

war A1レベル

ich war	wir waren
du warst	ihr wart
er war	sie waren
Sie waren	

hatte A1レベル

ich hatte	wir hatten
du hattest	ihr hattet
er hatte	sie hatten
Sie hatten	

konnte

ich konnte	wir konnten
du konntest	ihr konntet
er konnte	sie konnten
Sie konnten	

✏️練習 次の文を過去形に変えよ。

(1) Ich bin Studentin. →   (2) Wo bist du? →

(3) Haben Sie Hunger? →

(4) Er hat eine Million Yen Schulden. →

・過去形は物語の時制であり、書き言葉で用いられる。
・しかし、sein, haben, 話法の助動詞は会話でも過去形をよく用いる。

✏️練習 [　] 内の話法の助動詞の過去形を（　　）に入れよ。 A2レベル

(1) Ich (　　　　　　　) gestern im Stadtzentrum einkaufen. [wollen]

(2) Wir (　　　　　　) gestern die Hausarbeit schreiben. [müssen]

(3) Die Studenten (　　　　　　) heute nicht früh aufstehen. [können]

2 再帰代名詞 A2レベル ◀65

・再帰代名詞は主語と同じもの（すなわち「自分」）を指す。

	sg.			pl.			sg./pl.
	1人称	2人称	3人称	1人称	2人称	3人称	2人称
1格	ich	du	er, sie, es	wir	ihr	sie	Sie
3格	mir	dir	sich	uns	euch	sich	sich
4格	mich	dich	sich	uns	euch	sich	sich

Er lobt ihn.　　　⇔　　Er lobt sich.

Er sagt es zu ihm.　　⇔　　Er sagt es zu sich.

・主語が複数の場合、再帰代名詞が「互いに」を表すことがある。

Ihr versteht **euch**.　　Wir helfen **uns**.

3 再帰動詞 A2レベル ◀66

・再帰代名詞と一体になって、特定の意味を表す動詞を再帰動詞と呼ぶ。

sich^4 erkälten:　　　　Ich erkälte mich oft.

sich^3 etwas^4 vorstellen: Stellen Sie sich die Szene vor?

・4格の再帰代名詞をとる再帰動詞は、他動詞の自動詞化であることが多い。

legen →　sich^4 legen　　　　　　ärgern →　　sich^4 ärgern

ändern → sich^4 ändern　　　　　bewegen → sich^4 bewegen

✎練習 (　　) の中に適切な再帰代名詞を入れよ。

(1) Das Kind legt (　　　　　　　) auf das Bett.　(2) Ich setze (　　　　　　　　) auf den Stuhl.

(3) Ihr ändert (　　　　　　　) nicht.　(4) Beweg (　　　　　　　) nicht!

・再帰動詞には熟語として特定の前置詞を伴うものがある。

sich^4 **für** 事^4 interessieren　　　　　　sich^4 **an** 事^4 erinnern

sich^4 **über** 事^4 freuen　　　　　　　sich^4 **auf** 事^4 freuen

✎練習 (　　) に適切な再帰代名詞を入れよ。

(1) Wofür interessierst du (　　　　　　　)? - Ich interessiere (　　　　　　　) für Musik.

(2) Erinnern Sie (　　　　　　) an das Ereignis? - Ja, wir erinnern (　　　　　　　) daran.

(3) Worüber freut er (　　　　　)? - Er freut (　　　　　　) über das Treffen mit dir.

(4) Worauf freut ihr (　　　　　)? - Wir freuen (　　　　　　) auf den Urlaub.

・「手を洗う」のように「(自分の身体部位を) ～する」では3格の再帰代名詞をとることが多い。

sich^3 die Hände waschen　　　　　sich^3 die Haare kämmen

✎練習 (　　) に適切な再帰代名詞を入れよ。

(1) Wasch (　　　　　　　) die Hände!

(2) Ich putze (　　　　　　) die Zähne.

Übungen

1 次の文が表す人物を下の**A**〜**E**の中から選び [   ] 入れよ。

① Eine Schauspielerin. Sie wurde in Berlin geboren*. 1922 gab sie ihr Debüt in Deutschland und war tätig hauptsächlich in den USA. Später lebte sie bis zum Tod in Paris. [   ]

② Ein Neurologe. Er wurde in Mähren* geboren. Mit drei Jahren zog er mit seiner Familie nach Wien um und studierte dort. Er begründete die Psychoanalyse. [   ]

③ Eine Gräfin. Sie wurde in Tokio geboren. 1893 heiratete sie den Diplomaten von Österreich und wanderte nach Österreich aus. Ihr Sohn schlug den Begriff *Paneuropa** vor. [   ]

④ Eine Schriftstellerin. Sie wurde in der Schweiz geboren. Sie besuchte eine Schule in Zürich und lernte Französisch im Waadtland*. Sie schrieb das Kinderbuch *Heidi*. [   ]

⑤ Ein Maler. Er wurde in Moskau geboren. Von 1922 bis 1933 lehrte er am Bauhaus* in Weimar. Er bekam die Staatsbürgerschaften von Deutschland und Frankreich und starb in Frankreich. [   ]

*wurde … geboren: 生まれた（→80ページ）　　Mähren: モラヴィア（現在のチェコの東部地域）
Paneuropa: 汎ヨーロッパ（欧州統合を目指す理念）　　Waadtland: ヴォー（フランス語圏スイスの州）
Bauhaus: バウハウス（美術・建築の総合学校）

A

Johanna
Spyri

B

Sigmund Freud

C

Wassily Kandinsky

D

Mitsuko
Coudenhove-
Kalergi

E

Marlene Dietrich

2 （   ）内に再帰代名詞を入れよ。

① Kannst du (   ) die Zukunft von dem Staat vorstellen?
② Ihr sollt (   ) fünfmal am Tag die Hände waschen.
③ Bitte beeile (   )! Der Film beginnt in zehn Minuten.
④ Herr Nemec hat (   ) schon von der Erkältung erholt.
⑤ Wir ärgern (   ) über den Plan.
⑥ Luca hat (   ) in Vanessa verliebt.

⑦ Wir treffen（　　　　　　　　）am Hauptbahnhof.

⑧ Ich habe（　　　　　　　　）eine Uhr gekauft.

3 　聞き取った語を（　　）に入れ、質問に日本語で答えよ。　◀67

Am Sonntag ging ich mit meinem Hund im Park spazieren. Da saß ein Mann auf der Bank. Es（　　　　　　　　）wolkig, trotzdem trug er eine Sonnenbrille und einen Hut. Nach ein paar Minuten（　　　　　　　　）eine Frau in Schwarz, gab ihm ein Tütchen und（　　　　　　　　　）weg. War das vielleicht ein Drogenhandel? Da plötzlich bellte mein Hund. Der Mann erschrak, floh eilig und ließ das Tütchen liegen. Ich（　　　　　　　　）hinein. Darin gab es* jedoch bloß Gebäck.

*gab es < gibt es 物⁴ : 物 がある（→63ページ 4 ）

① Was hat der Mann auf der Bank getragen?

---

② Wer ist nach ein paar Minuten gekommen?

---

③ Was hat die Frau dem Mann gegeben?

---

④ Was ist im Tütchen gewesen?

4 　以下の質問に対する自分の答えをドイツ語で書け。（JaかNeinに○を付け、残りの文を書くこと）

① Freust du dich auf Weihnachten?
Ja / Nein,

② Interessierst du dich für Fußball?
Ja / Nein,

③ Fürchtest du dich vorm Zahnarzt?
Ja / Nein,

④ Erinnerst du dich ans Abendessen gestern?
Ja / Nein,

⑤ Erkältest du dich oft?
Ja / Nein,

関心のあるもの 「私は〜に関心がある」

Ich interessiere mich für ＋〈4格〉.

Wofür interessierst du dich? - Ich interessiere mich für Musik.

（専攻→12ページ、趣味→6, 24ページも参照）

音楽	Musik *f.* -/ (無冠詞で)		絵画	Malerei *f.* -/ (無冠詞で)
DIY	DIY [diː aɪ wáɪ] (無冠詞で)		手芸	Handarbeit *f.* -/-en (無冠詞で)
政治	Politik *f.* -/-en (無冠詞で)		経済	Wirtschaft *f.* -/-en (無冠詞で)
気候変動	Klimawandel *m.* -s/- (定冠詞付きで)		環境問題	Umweltproblem *n.* -/-e (複数定冠詞付きで)
宗教	Religion *f.* -/-en (無冠詞で)		映画	Film *m.* -/-e (無冠詞で)
演劇	Theater *n.* -s/- (無冠詞で)		芸術	Kunst *f.* -/Künste (無冠詞で)
恋愛	Liebe *f.* -/-n (無冠詞で)		株	Aktie *f.* -/-n (複数無冠詞で)
投資	Investition *f.* -/-en (定冠詞付きで)		リサイクル	Recycling *n.* -s/ (無冠詞で)
旅行	Reise *f.* -/-n (無冠詞で)		スポーツ	Sport *m.* -es/ (無冠詞で)
ダイエット	Diät *f.* -/-en (定冠詞つきで)		ファッション	Mode *f.* -/-n (定冠詞付きで)
料理	Kochen *n.* -s/- (無冠詞で)		占い	Wahrsagung *f.* -/-en (複数無冠詞で)
人間	Mensch *m.* -en/-en (定冠詞付きで)		未来	Zukunft *f.* -/ (定冠詞付きで)
星	Stern *m.* -es/-e (複数無冠詞で)		宇宙	Weltall *n.* -s/ (定冠詞付きで)
昆虫	Insekt *n.* -es/-en (複数無冠詞で)		蝶	Schmetterling *m.* -s/-e (複数無冠詞で)
蟻	Ameise *f.* -/-n (複数無冠詞で)		甲虫	Käfer *m.* -s/- (複数無冠詞で)
動物	Tier *n.* -es/-e (複数無冠詞で)		犬	Hund *m.* -es/-e (複数無冠詞で)
猫	Katze *f.* -/-n (複数無冠詞で)		うさぎ	Hase *m.* -n/-n (複数無冠詞で)
猿	Affe *m.* -n/-n (複数無冠詞で)		ライオン	Löwe *m.* -n/-n (複数無冠詞で)
ブタ	Schwein *n.* -es/-e (複数無冠詞で)		ウシ	Rind *n.* -es/-er (複数無冠詞で)
ウマ	Pferd *n.* -es/-e (複数無冠詞で)		鳥	Vogel *m.* -s/Vögel (複数無冠詞で)
鶏	Huhn *n.* -es/Hühner (複数無冠詞で)		鷹	Falke *m.* -en/-en (定冠詞付きで)
鷲	Adler *m.* -s/- (定冠詞付きで)		オウム	Papagei *m.* -en/-en (複数無冠詞で)
魚	Fisch *m.* -es/-e (複数無冠詞で)		金魚	Goldfisch *m.* -es/-e (複数無冠詞で)
恐竜	Dinosaurier *m.* -s/- (複数無冠詞で)		爬虫類	Reptil *n.* -s/-ien (複数無冠詞で)
ヘビ	Schlange *f.* -/-n (複数無冠詞で)		ワニ	Krokodil *n.* -s/-e (複数無冠詞で)
とかげ	Eidechse *f.* -/-n (複数無冠詞で)		カエル	Frosch *m.* -/Frösche (複数無冠詞で)
鯨	Walfisch *m.* -es/-e (複数無冠詞で)		イルカ	Delphin *m.* -s/-e (複数無冠詞で)
鮫	Haifisch *m.* -es/-e (複数無冠詞で)		クラゲ	Qualle *f.* -/-n (複数無冠詞で)
植物	Pflanze *f.* -/-n (複数無冠詞で)		花	Blume *f.* -/-n (複数無冠詞で)
苔	Moos *n.* -es/-e (複数無冠詞で)		ウイルス	Virus *m./n.* -/Viren (複数無冠詞で)

Kolumne 10　コンパートメント車と郵便馬車

　ヨーロッパの鉄道に乗ると今でもたまに、コンパートメント車を見ることができます。コンパートメント車とは、ひとつの車両の内部にいくつもの個室が連なった客車のことです。その個室の中には向かい合わせに座席が設置され、6~8人の乗客を収容することができます。

　日本にもコンパートメント車はありますが、そのほとんどは観光用で、家族などが一部屋貸切をするためのものとなっています。

　しかし、ヨーロッパのコンパートメント車には、座席ごとに指定販売をしているものや、自由席のものもあります。そのため、コンパートメントを覗き込んで、空席を探し出し、見知らぬ人と膝を突き合わせて、電車に揺られるという経験もまれではありません。少し居心地の悪さを感じることもありますが、なぜこのような形式の車両が存在しているのでしょうか。

　そのことを説明するためには、鉄道の歴史の最初期にさかのぼらなければなりません。鉄道ができる前、安価な長距離移動の手段として人々は郵便馬車を使っていました。郵便馬車とは、その名の通り郵便を運ぶための馬車ですが、その空きスペースに乗客が乗ることもありました。あくまでも主役は郵便物であったため、乗客のためのスペースは広く用意されていません。空間を節約するために、椅子は壁際に配置され、人は向かい合わせで座ることになりました。

　その後、馬が客車をレールの上で曳く馬車鉄道や、蒸気機関車が登場してきます。しかし、そもそも鉄道というもの自体が生まれたばかりですので、鉄道のための客車というものはありませんでした。そこで、郵便馬車の客車が鉄道の客車として流用されることになります。下図は1831年に運行をしたアメリカ初の蒸気機関車ですが、客車に郵便馬車が使われているのが確認できます。御者席もそのまま残っていますね。

　その後、鉄道のための客車が開発されますが、その際も、郵便馬車の設計が使われ、郵便馬車がいくつも連なったようなコンパートメント車が生まれました。

　また、列車というものは、その時々によって進行方向が変わりますが、コンパートメント車のような対面式の座席であれば、どちらか片方は前を向いて席に座ることができます。そのような、列車と対面式の座席の相性の良さもあり、コンパートメント車は今現在にいたるまで生き残っています。

　とはいえ、他人に囲まれて個室に座るのは、どこの国の人にもあまり好まれないらしく、コンパートメント車の真ん中の座席の人気が極端に低いという問題があるようです。また、開放座席車の方が、輸送効率が高いといった理由もあり、ドイツではコンパートメント車が徐々に姿を消しつつあります。皆さんもコンパートメント車がヨーロッパからなくなる前に、どこかで乗ってみてはいかがでしょうか。気心の知れた人たちと乗るコンパートメント車はきっと楽しいものでしょうし、一人で乗ったとしても、旅の道連れとの素敵な出会いがあるかもしれません。

例文
◀◀69
Welcher Hut gefällt dir? - Den da möchte ich anprobieren.

1 定冠詞類 ◀70

・定冠詞と類似の格語尾変化するものを定冠詞類と呼ぶ。

・welcher, dieser, jener, jeder, aller, mancher, solcherなどがある。

	m.	*f.*	*n.*	*pl.*
1格	-er	-e	-es	-e
2格	-es	-er	-es	-er
3格	-em	-er	-em	-en
4格	-en	-e	-es	-e

Aller Anfang ist schwer.

Jedes Ding hat zwei Seiten.

An welcher Uni möchtest du studieren?

Jeden Tag jobbe ich.

✏️練習 下線に語尾を入れよ。

(1) Welch＿＿ Rock nimmst du? - Ich nehme dies＿＿ Rock.

(2) Von welch＿＿ Gleis fährt der Zug nach Stuttgart ab? - Vom Gleis 5.

(3) All＿＿ Kinder mögen dies＿＿ Figur.

(4) Jed＿＿ Mensch hat seine Stellung.

2 指示代名詞 ◀71

・der, die, dasは名詞を伴わずに単独で代名詞として用いられる。

	m.	*f.*	*n.*	*pl.*
1格	der	die	das	die
2格	dessen	deren	dessen	deren/derer*
3格	dem	der	dem	denen
4格	den	die	das	die

*dererは関係代名詞dieの先行詞として用いられる。

die Zahl derer, die es sagen「そう言う人たちの数」

Was ist das? - Das ist ein Stift.

Wer ist der dort? - Den kenne ich nicht.

✏️練習 下線に語尾を入れ、（ ）に適切な指示代名詞を入れよ。

(1) Welch＿＿ Hemd nimmst du? - Ich nehme ( ) hier.

(2) Welch＿＿ Bus soll ich nehmen? - ( ) dort.

(3) Welch＿＿ Blume schenkst du ihr? - ( ) da.

3 不定代名詞のeiner, welcher, keiner, meiner A2レベル ◀72

・einerは「一つのもの」、welcherは「一つでないもの」(＝複数名詞と非加算名詞)を指す。keiner
はそれがないことを表す。meinerは「私のもの」を表す。

	m.	f.	n.	pl.
1格	einer	eine	ein[e]s	welche
2格	eines	einer	eines	welcher
3格	einem	einer	einem	welchen
4格	einen	eine	ein[e]s	welche

	m.	f.	n.	pl.
keiner	keine	kein[e]s	keine
keines	keiner	keines	keiner
keinem	keiner	keinem	keinen
keinen	keine	kein[e]s	keine

・単数のwelcherは **1** の定冠詞類(welcher, dieser等)と同じ語尾変化をする。
・meinerの変化はkeinerと同じである。

Ist da ein Kuli?　- Ja, da ist einer.（einer = ein Kuli）
　　　　　　　　　- Nein, da ist keiner.（keiner = kein Kuli）
Sind da Gläser?　- Ja, da sind welche.（welche = Gläser）
　　　　　　　　　- Nein, da sind keine.（keine = keine Gläser）
Ist da Zucker?　- Ja, da ist welcher.（welcher = Zucker）
　　　　　　　　　- Nein, da ist keiner.（keiner = kein Zucker）
Ist das dein Tablet?　　- Ja, das ist meins.（meins = mein Tablet）
　　　　　　　　　　　- Nein, das ist nicht meins.

🖊練習 下線に語尾を入れよ。

(1) Ist das Ihr PC?　- Ja, das ist mein____.

(2) Haben Sie eine Frage?　- Nein, ich habe kein____.

(3) Hast du Geld?　- Ja, ich habe welch____.

4 非人称のes A2レベル ＋ B1レベル ◀73

・前に指すものがないesを非人称のesと呼ぶ。

Es regnet.
Heute ist **es** kalt.
Wie spät ist **es** jetzt?　- **Es** ist ein Uhr.

・非人称のesを主語とする熟語的な構文がある。
　Es geht ...　　: Wie **geht es** Ihnen? – Danke, gut.
　Es gibt ...　　: In Japan **gibt es** viele Berge.
　Es geht um ...：In diesem Roman **geht es um** Politik.

・文の主題になる語がない場合、文頭に非人称のesが仮の主語として置かれる。
　Es war einmal ein König.

Übungen

次のことわざや慣用句を直訳し、その意味を下の**A～J**の中から選べ。

① Jeder ist seines Glückes Schmied.（seines Glückes: Schmiedにかかる2格）
直訳：誰もが自分の鍛冶屋である。 意味：H

② Mancher reist gesund ins Bad und kommt zurück malad.
直訳： 意味：

③ Einer spinnt immer.（spinnen: 頭がおかしい）
直訳： 意味：

④ Zum Todesschlaf ist keiner müde.
直訳： 意味：

⑤ Klug reden kann jeder.（= Jeder kann klug reden.）
直訳： 意味：

⑥ Alles hat seine Zeit.
直訳： 意味：

⑦ Jeder ist sich selbst der Nächste.
直訳： 意味：

⑧ Niemand kann zwei Herren dienen.
直訳： 意味：

⑨ Für Geld und gute Worte kann man alles haben.（für: ～と引きかえに）
直訳： 意味：

A　同時に多くの人に対して誠実であることは難しい。
B　人が沢山いれば、変な人が一人はいる。
C　金と話術さえあれば、すべてのことがうまくいく。
D　疲れたからといって死ぬわけではない。
E　口だけではなんとでも言うことができる。
F　結局我が家が一番。
G　幸せは自分で掴むものだ。
H　人はみな我が身がかわいいものだ。
I　何事にも潮時がある。

2 **jeder**＋時間の4格は「毎〜」を、**dieser**＋時間の4格は「今〜」を表す。下線に4格の語尾を入れ、意味を書け。また下の日本語をドイツ語に訳せ。

jed___	Sekunde	毎秒	jed___	Tag	
jed___	Minute	_____	dies___	Woche	今週
jed___	Stunde	_____	dies___	Nacht	
jed___	Morgen	_____	dies___	Monat	
jed___	Abend	_____	dies___	Jahr	
jed___	Wochenende	_____			

① 私たちは毎週テニスをしている（→ 6ページ）。

② 私は今週末熱海へ行く。

③ 私は毎回（Mal, *n.*）彼らにお土産（Souvenir, *n.* -s/-s 複数で）を買っている。

3 図が表す天気の表現を下の①〜⑦から選び、[ ] に入れよ。

[ ]   [ ]   [ ]   [ ]   [ ]

① Es schneit.   ② Es ist kalt.
③ Es ist sonnig.   ④ Es regnet.
⑤ Es ist wolkig. / Es ist bewölkt.
⑥ Es ist windig.   ⑦ Es ist heiß.

[ ]   [ ]

4 下の天気予報の文を聞き取り、（ ）を補え。 ◀74

Es wird heute in Deutschland ( ). Am ( ) liegen die Höchst-
temperaturen zwischen ( ) und 38 Grad. Im ( ), Osten und Westen
scheint die Sonne. Im Süden ist es bewölkt, und zeitweise ( ) es.

自分について 表 現 してみよう 🔊75

どこに何がある 「～には…がある」

In ＋ 〈3格〉 gibt es ＋ 〈4格〉.

Was gibt es in deiner Heimat?

- In meiner Heimat gibt es einen Fischmarkt, eine Kirche, ein Museum und drei Kinos.

故郷	Heimat *f.* -/		国、州	Land *n.* -es/Länder
州（スイス）	Kanton *m.* -s/-e		国家	Staat *m.* -es/-en
（日本の）県	Präfektur *f.* -/-en		市	Stadt *f.* -/Städte
区	Bezirk *m.* -es/-e		（人口10万人以上の）大都市	Großstadt *f.* -/städte
町	Kleinstadt *f.* -/..städte		村	Dorf *n.* -es/Dörfer
（総合）大学	Uni *f.* -/-s		（単科）大学	Hochschule *f.* -/-n
学校	Schule *f.* -/-n		高校	Oberschule *f.* -/-n
中学校	Mittelschule *f.* -/-n		小学校	Grundschule *f.* -/-n
幼稚園	Kindergarten *m.* -/..gärten ＜略＞ Kiga		学生寮	Studentenwohnheim *n.* -s/-e
保育園	Kindertagesstätte *f.* -/-n ＜略＞ Kita		博物館、美術館	Museum *n.* -s/..seen
図書館	Bibliothek *f.* -/-en		劇場	Theater *n.* -s/-
映画館	Kino *n.* -s/-s		警察	Polizei *f.* -/-en
病院	Krankenhaus *n.* -es/..häuser		教会	Kirche *f.* -/-n
スタジアム	Stadion *n.* -s/Stadien		神社	Schrein *m.* -es/-e
寺院	Tempel *m.* -s/		空港	Flughafen *m.* -s/..häfen
港	Hafen *m.* -s/Häfen		銀行	Bank *f.* -/-en
駅	Bahnhof *m.* -es/..höfe		区役所	Bezirksamt *n.* -es/..ämter
市役所	Rathaus *n.* -s/..häuser		市場	Markt *m.* -es/Märkte
広場	Platz *m.* -es/Plätze		魚市場	Fischmarkt *m.* -es/..märkte
スーパー	Supermarkt *m.* -es/..märkte		ショッピングセンター	Einkaufszentrum *n.* -s/..tren
青果市場	Gemüsemarkt *m.* -es/..märkte		公園	Park *m.* -s/-s
城	Schloss *n.* -es/Schlösser		郵便局	Post *f.* -/
遊園地	Freizeitpark *m.* -s/-s		運動場	Sportplatz *m.* -es/..plätze
プール	Schwimmbad *n.* -es/..bäder		テニスコート	Tennisplatz *m.* -es/..plätze
スキー場	Skipiste *f.* -/-n		スケート場	Eisbahn *f.* -/-en
サッカー場	Fußballplatz *m.* -es/..plätze		キャンプ場	Campingplatz *m.* -es/..plätze
球場	Baseballplatz *m.* -es/..plätze		レストラン	Restaurant *n.* -s/-s
ホテル	Hotel *n.* -s/-s		ユースホステル	Jugendherberge *f.* -/-n
飲み屋	Kneipe *f.* -/-en		川	Fluss *m.* -es/Flüsse
山	Berg *m.* -es/-e		海	Meer *n.* -es/-e または See *f.* -/Seen
湖	See *m.* -s/Seen			

Kolumne 11　ベルリンの壁とベルリン大空輸

　東西ドイツ分断の象徴として知られるベルリンの壁ですが、そのベルリンの壁がどこに建っていたか知っていますか。下の図1の線は、東ドイツ（ドイツ民主共和国）と西ドイツ（ドイツ連邦共和国）の国境線ですが、これはベルリンの壁ではありません。それではベルリンの壁がどこにあるのかというと、図2にあるように、東ドイツの中に飛地として存在する西ベルリンを囲むように位置していました。

　このようにぽつんと東ドイツの中に西ベルリンだけが存在していると、不便があったのではないかと思われるでしょうが、実際に飛地であることを理由に、大きな事件が起こりました。

　時は1948年6月、まだベルリンの壁ができる前、ベルリンをアメリカ・イギリス・フランス・ソ連が分割統治していた頃の話です。ソ連は、西ベルリンに通ずる道路、鉄道などのすべての陸路を突如として封鎖しました。物資不足に反発した西ベルリン市民が赤化するのを狙ってのことでした。空路だけは封鎖することができなかったので、西ベルリン市民に物資を届けるため、英米を中心とした西側各国は大規模な輸送作戦を決行しました。220万人もの西ベルリン市民へ、生活物資を届けるため、24時間体制3分間隔で飛行機が飛び交い、一日のフライト回数が1000回を超えた日もあるほどでした。またベルリンにはテンペルホーフ空港と、ガトウ空港があったのですが、この二つの空港だけでは輸送が追いつかなかったので、テーゲル空港という新しい空港も建設されることとなりました。これらの輸送作戦は「ベルリン大空輸」（ドイツ語ではBerliner Luftbrücke：「ベルリンの空の橋」の意）と呼ばれています。

　1949年5月には封鎖が解除されることとなるのですが、東ドイツから西ベルリンを通じて西側へ亡命する東ドイツ人があとをたたなかったため、1961年にはベルリンの壁が建設されることとなります。

　その後、東西陣営の雪解けに伴い、1989年にはベルリンの壁が崩壊し、1990年に東西ドイツは統一することとなりました。現在ベルリンの壁の殆どは撤去されましたが、一部は歴史文化財として保存されています。ベルリン大空輸のために急造されたテーゲル空港も2020年10月には新設されたブランデンブルク空港に、その役目を譲ることとなりましたが、その跡地はきっとベルリン大空輸を偲ぶ場所となることでしょう。

図1

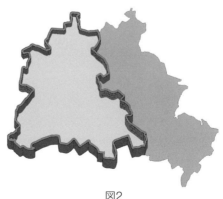

図2

形容詞の格語尾変化、形容詞の名詞化、比較級・最上級

例文 **Sie sind die Schönste im ganzen Land,** ◀76
aber Schneewittchen bei den sieben Zwergen ist schöner als Sie.

1 形容詞の格語尾変化 A2レベル ◀77

・形容詞は、①述語的、②副詞的、③名詞付加語的に用いられる。

・名詞付加語的に用いられる形容詞は語尾変化する。

①Er ist fleißig.（述語的）

②Er arbeitet fleißig.（副詞的）

③Er ist ein fleißiger Arbeiter.（名詞付加語的）

（a）定冠詞や定冠詞類が付く場合

	m.	f.	n.	pl.
1格	der gute Mann	die gute Frau	das gute Kind	die guten Leute
2格	des guten Mannes	der guten Frau	des guten Kindes	der guten Leute
3格	dem guten Mann	der guten Frau	dem guten Kind	den guten Leuten
4格	den guten Mann	die gute Frau	das gute Kind	die guten Leute

（b）不定冠詞や不定冠詞類が付く場合

	m.	f.	n.	pl.
1格	ein guter Hut	eine gute Hose	ein gutes Hemd	meine guten Jacken
2格	eines guten Hutes	einer guten Hose	eines guten Hemdes	meiner guten Jacken
3格	einem guten Hut	einer guten Hose	einem guten Hemd	meinen guten Jacken
4格	einen guten Hut	eine gute Hose	ein gutes Hemd	meine guten Jacken

（c）無冠詞の場合

	m.	f.	n.	pl.
1格	guter Käse	gute Butter	gutes Brot	gute Würste
2格	guten Käses	guter Butter	guten Brotes	guter Würste
3格	gutem Käse	guter Butter	gutem Brot	guten Würsten
4格	guten Käse	gute Butter	gutes Brot	gute Würste

✏練習 下線に語尾を入れよ。

（1）Das ist mein neu＿＿＿ Sofa.

（2）Ich mag grün＿＿＿ Tee.

（3）Das blau＿＿＿ Kleid steht dir gut.

（4）Ich kann diese alt＿＿＿ Schuhe nicht wegwerfen.

2 形容詞の名詞化 B1レベル

・形容詞は名詞化して「人」や「もの」を表す。（形容詞の格語尾と同じ語尾）

der alte Mann → der Alte	die alte Frau → die Alte
ein alter Mann → ein Alter	eine alte Frau → eine Alte
die alten Leute → die Alten	alte Leute → Alte
schönes Ding → Schönes	

3 比較級・最上級 A2レベル ◀78

・比較級は -er, 最上級は -stを付けて作る。

・変音するものや、最上級で -estとなるものがある。

klein - kleiner - kleinst	schön - schöner - schönst
lang - länger - längst	jung - jünger - jüngst
alt - älter - ältest	kurz - kürzer - kürzest

・語形に注意を要するもの

groß - größer - größt　　　hoch - höher - höchst　　　nah[e] - näher - nächst

・「…と同じ」は「so 形容詞/副詞 wie …」で表す。

Er ist **so** alt **wie** ich.

・「…より」は「als …」で表す。

Sie ist älter **als** ich.

・最上級は、述語的に用いられる形容詞や副詞ではam …stenの形になる。

Er ist **am** fleißig**sten**.　　　Er arbeitet **am** fleißig**sten**.

・付加語的に用いられる場合や名詞化する場合、格語尾変化する。

Er ist der fleißig**ste** Arbeiter.　　　Er ist der Fleißig**ste**.

・語形が特殊なもの A1レベル

gut - besser - best　　　viel - mehr - meist　　　gern - lieber - am liebsten

✏️練習 ［　］内の語を変えて（　）に入れよ。

(1) Ich esse (　　　　　　　　) Fisch als Fleisch. ［gern］

(2) Ich trinke (　　　　　　　　　) Wasser. ［gern（最上級に）］

(3) Sein Laptop funktioniert (　　　　　　　) als meiner. ［gut］

(4) Sie ist die (　　　　　　　) Spielerin in der Mannschaft. ［gut］

(5) Ich möchte (　　　　　　) Zeit. ［viel（比較級に；無語尾で）］

(6) Die (　　　　　　) Leute möchten lange leben. ［viel（最上級に）］

Übungen

1 グラフを見て、下の文が正しければ**richtig**に、間違っていれば**falsch**にチェックを入れよ。

Wie grüßen die Österreicher?

Hallo	69
Servus	55
Tschüss	54
Grüß dich	48
Grüß Gott	44

Anteil der *Ja*-Stimme （%）

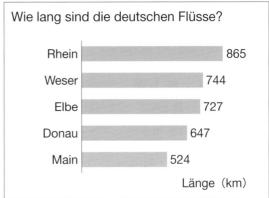

Wie lang sind die deutschen Flüsse?

Rhein	865
Weser	744
Elbe	727
Donau	647
Main	524

Länge （km）

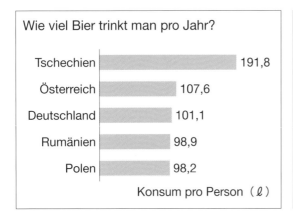

Wie viel Bier trinkt man pro Jahr?

Tschechien	191,8
Österreich	107,6
Deutschland	101,1
Rumänien	98,9
Polen	98,2

Konsum pro Person （ℓ）

Wie viele Einwohner haben die Schweizer Städte?

Zürich	409
Genf	200
Basel	171
Lausanne	138
Bern	133

Bevölkerung （tausend）

① „Grüß Gott" ist die häufigste Grußform in Österreich. ☐ richtig ☐ falsch
② Der Rhein ist länger als alle anderen Flüsse in Deutschland. ☐ richtig ☐ falsch
③ In Deutschland trinkt man weniger Bier als in Österreich. ☐ richtig ☐ falsch
④ Die meisten Schweizer Bürger leben in Genf. ☐ richtig ☐ falsch

2 次の日本語をドイツ語に訳せ。

① ヌーイェンさんの（von Herrn Nguyen→15ページ **4** (6)）車（定冠詞付き）は私の（→63ページ）より高い（teuer）。

② 私は町で（in der Stadt）一番古い教会（Kirche, f.）を訪ねた。（過去形で）

③ 私の彼氏（→25ページ）はドイツ人だ。彼は公務員（Beamter, m.）だ。

④ 会社（Firma, *f.*）はその女性従業員（Angestellte, *f.*）をフランクフルトに異動させ（versetzen）た。
（現在完了形で）

---

3 会話を聞き、下線に語尾を補え。 ◀79

Polizistin:　Herr Werner, beschreiben Sie bitte den Mann!

Herr Werner: Der Mann hatte rot___ Haare und einen dicht___ Bart und trug einen grün___
Hut. Er war an der Bushaltestelle. Viel___ Busse kamen, aber er ist nicht
eingestiegen. Dann ist eine Ausländerin gekommen.

Polizistin:　Ausländerin? Keine Deutsch___?

Herr Werner: Nein. Sie sprach eine fremd___ Sprache. Danach sind sie in ein teur___,
italienisch___ Restaurant gegangen.

Polizistin:　Vielen Dank für Ihre hilfreich___ Informationen!

4 次の①〜④の文章は、あだ名を持つ歴史上の人物とドイツ語圏の歴史について述べている。下線に
適切な語尾を補え。

① Bach komponierte für Friedrich d___ Groß___
das *Musikalische Opfer**.

② 884 vereinigte sich das Reich
unter Karl d___ Dick___ wieder.

③ 1529 griff Suleiman d___ Prächtig___ Wien an.

④ Die zwei Söhne Philipps d___ Schön___ wurden
Kaiser von Deutschland.

*das Musikalische Opfer『音楽の捧げもの』。バッハによる曲集。

「カール大帝」の格変化
1格　Karl der Große
2格　Karls des Großen
3格　Karl dem Großen
4格　Karl den Großen

① ② ③ ④

自分について 表現 してみよう 🔊80

どんなものがほしい 「私は〜な…がほしい」

Ich möchte ＋［ein..］＋形容詞＋〈4格〉.

Was möchtest du? - Ich möchte einen schwarzen Anzug.
- Ich möchte weiße Schuhe.

（18, 42ページも参照）

美しい	schön	醜い	hässlich	シックな	schick
大きい	groß	小さい	klein	上品な	fein
長い	lang	短い	kurz	趣味のよい	geschmackvoll
太い、厚い	dick	細い、薄い	dünn	縞模様の	gestreift
広い	breit	狭い	eng	水玉の	gepunktet
高い	hoch	低い	niedrig	チェックの	kariert
精密な	genau	粗雑な	grob	無地の	ungemustert
高価な	teuer	安価な	billig	カラフルな	bunt
熱い	heiß	冷たい	kalt	モノトーンの	einfarbig
暖かい	warm	涼しい	kühl	豪華な	prächtig
鋭い	scharf	鈍い	stumpf	簡素な	schlicht
丸い	rund	角張った	eckig		
新しい	neu	古い	alt		
明るい	hell	暗い	dunkel		
透明の	durchsichtig	くすんだ	matt		
澄んだ	klar	濁った	trübe		
天然の	natürlich	人工の	künstlich		
よい	gut	悪い	schlecht		

黒い	schwarz	白い	weiß	赤い	rot
青い	blau	黄色い	gelb	緑の	grün
茶色の	braun	灰色の	grau	ピンクの	rosa（格変化なし）
オレンジ色の	orange	紫色の	violett	ベージュの	beige
金(色)の	golden	銀(色)の	silbern		
金髪の	blond				

| 銅の | kupfern | 鉄の | eisern | 皮の | ledern |
| 木の | hölzern | 合成樹脂の | synthetisch | 紙の | papieren |

| おいしい | lecker | 甘い | süß | 辛い | scharf |
| 苦い | bitter | しょっぱい | salzig | すっぱい | sauer |

Kolumne 12 形容詞の語形変化

●形容詞の格語尾変化は本当は二種類

形容詞の格語尾は3パターンありますが、本当は強変化と弱変化の二つしかありません。

強変化語尾

	m.	*f.*	*n.*	*pl.*
1格	-er	-e	-es	-e
2格	(-es)	-er	(-es)	-er
3格	-em	-er	-em	-en
4格	-en	-e	-es	-e

弱変化語尾

m.	*f.*	*n.*	*pl.*
-e	-e	-e	-en
-en	-en	-en	-en
-en	-en	-en	-en
-en	-e	-e	-en

　ではどうやって強変化か弱変化かが決まるかと言うと、形容詞以外のところで決まります。つまり、形容詞以外に強変化語尾がなければ形容詞が強変化になり、形容詞以外に強変化語尾があれば形容詞は弱変化になります。

　形容詞以外の強変化語尾とは何かというと、次の三種類です。

① 定冠詞（類）の語尾

② 不定冠詞（類）の語尾（ただし、無語尾の男性1格、中性1・4格を除く）

③ 男性2格、中性2格の名詞自体の語尾 -[e]s

　上の強変化の表で男性2格と中性2格の-esはかっこに入っていますが、これは、男性2格と中性2格では形容詞が滅多に強変化にならないことを示しています。なぜでしょうか。それは、ほとんどの男性2格と中性2格では名詞自体に強変化の語尾 –[e]s が付くからです。

　しかし、絶対に男性2格と中性2格で形容詞が強変化にならないかと言うと、男性2格、中性2格で-[e]sが付かない名詞があります（弱変化名詞や外来語など）ので、それらが無冠詞の場合、形容詞が強変化になります。

●「～は最も～だ」の言い方が二通りあるわけ

　「彼は一番背が高い」は次の二通りの言い方ができます。

　Er ist am größten. / Er ist der Größte.

　Er ist am größten. は述語的用法の最上級です。（← Er ist groß.）

　Er ist der Größte. は名詞付加語的用法の最上級を名詞化したものです。（← Er ist der größte Mann. ← Er ist ein großer Mann.）

　「この川はここが一番深い」はDer Fluss ist hier am tiefsten. と言い、Der Fluss ist hier der Tiefste. とは言いません。なぜなら、Der Fluss ist hier tief. とは言えても、Der Fluss ist hier ein tiefer Fluss. とは言えないからです。

　「彼はクラスで一番背が高い」はEr ist am größten in der Klasse. とも言えますが、Er ist der Größte in der Klasse. と言う方がよいと言われます。これも、Er ist ein großer Schüler in der Klasse. とは言っても、Er ist groß in der Klasse. とは言いにくいからです。

Lektion 13 | 接続詞、間接疑問文、関係代名詞、zu不定詞

> **例文** Ich weiß nicht, warum man lebt. ◀81
> - Ich glaube, dass man lebt, um besser zu sterben.

1 接続詞 ◀82

①並列の接続詞：und　oder　aber　denn など。 A1レベル

・並列の接続詞は語順に影響を与えない（語順が変わらない）。
　Er isst Fisch **und** sie trinkt Tee.

②従属の接続詞：dass　ob　wenn　als　da　weil　obwohl など。 A2レベル

・従属の接続詞に導かれる文は副文（＝従属節）と呼ばれ、定動詞が文末に置かれる。（定動詞後置）
　Ich weiß nicht, **ob** sie heute **kommt**.

・副文の定動詞が分離動詞の場合、分離しない。
　Ich weiß nicht, ob sie früh **aufsteht**.

・副文が主文（＝主節）の前に置かれると、主文の定動詞は主文の最初に置かれる。
　Ob sie heute kommt, **weiß** ich nicht.

・間接疑問文も副文であり、定動詞が後置される。 A2レベル
　Sie fragt, *was* du essen **möchtest**.

✏️ **練習** 次の文を正しい語順に書きかえよ。

（1）Wenn es regnet morgen, der Ausflug fällt aus.

→

（2）Er wird nicht kommen, denn er Fieber hat.

→

（3）Ob es gelingt gut, vom Glück hängt ab.

→

2 関係代名詞 B1レベル ◀83

	m.	*f.*	*n.*	*pl.*
1格	der	die	das	die
2格	dessen	deren	dessen	deren
3格	dem	der	dem	denen
4格	den	die	das	die

・関係代名詞の性と数は先行詞によって決まる。
・関係代名詞の格は関係文中での役割によって決まる。
・関係代名詞の前にはコンマを打つ。
・関係文は副文なので定動詞が後置される。

Ich kenne den Mann, **der** dort steht.
　　　　先行詞 m. 4　m. 1

Ich meide eine Frau, **deren** Vater streng ist.

Das Kind, **dem** sie geholfen haben, hilft ihnen jetzt.

Ich danke vielen Leuten, **die** ich kennen gelernt habe.

📝 練習 （　）内に適切な関係代名詞を入れよ。

(1) Das ist der Roman, （　　　　　　） ich vorgestern gekauft habe.

(2) Sie ist die Frau, （　　　　　　） er am stärksten liebte.

(3) Ich habe das Portemonnaie gefunden, （　　　　　　） ich lange gesucht habe.

(4) Das Haus, in （　　　　　　） ich aufgewachsen bin, war groß.

3 zu不定詞 B1レベル ◀84

・不定詞の前にzuを置いたものをzu不定詞と呼ぶ。

・zu不定詞は「～すること」を表す。

Zu schwimmen macht Spaß.

Viel **zu** essen ist keine Sünde.

Es ist keine Sünde, viel **zu** essen. （esは非人称の形式主語：→63ページ **4**）

・zu不定詞の句の中ではzu不定詞が最後に置かれる。

Ich hoffe, die Prüfung **zu** bestehen.

・zu不定詞が名詞の内容を表すことがある。

Ich habe Lust, ins Kino zu gehen.

・分離動詞ではzuが分離前つづりと基礎動詞の間にはさまれる。

Früh auf**zu**stehen ist gesund.

📝 練習 下線部に ［　　］ 内の語句を並べ替えて入れよ。

（動詞にかかる要素の語順はおおよそ、代名詞の4格目的語→代名詞の3格目的語→時→名詞の3格目的語→場所 →様態→名詞の4格目的語→方向 の順である。）

(1) Hast du Lust, _____?

　　　[einzukaufen, im Stadtzentrum, mit uns]

(2) Wir haben vor, _____.

　　　[in den Ferien, reisen, zu, nach Hokkaido]

(3) Er hat versucht, _____.

　　　[gestehen, zu, ihr, seine Liebe]

・um＋zu不定詞は「～するために」という目的を表す。

・ohne＋zu不定詞は「～することなしに」を表す。

・[an]statt＋zu不定詞は「～する代わりに」を表す。

Er ist in die Bibliothek gegangen, **um** die Materialien für ein Referat **zu** sammeln.

Er ist gegangen, **ohne** sich **zu** verabschieden.

Ich tanze, **statt zu** singen.

Übungen

1 以下はドイツの連邦州（**Bundesland**）に関する記述である。下の□□□から適切な接続詞を選び
（　　　）内に入れよ。また、それぞれの文が表す州を地図上で探し、〇の中に番号を書け。

① （　　　　　　　　　） das erste Auto in
Mannheim fuhr, blüht die Autoindustrie
heute noch in diesem Bundesland.

② Ludwig II. (der Zweite) baute das
Schloss Neuschwanstein, (　　　　　)
dieses Bundesland noch ein König-
reich war.

③ （　　　　　　　） man mit dem Auto von
Deutschland nach Dänemark reist,
fährt man durch dieses Bundesland.

④ （　　　　　　　　） es inmitten von
Brandenburg liegt, ist es ein unabhän-
giges Bundesland.

als	obwohl
weil	wenn

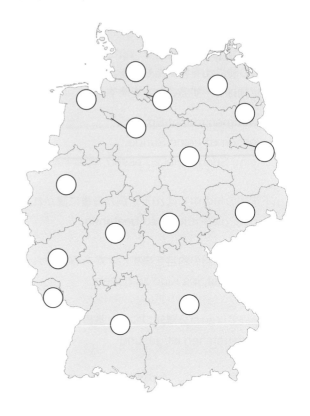

2 次の日本語をドイツ語に訳せ。

① パフロフスキーさん（Frau Pawlowski）がどこに住んでいるのかは分かりません。

② シュテファン（Stefan）は英語を習い始め（beginnen）た。（現在完了形で）

③ 私はミュンヘン（München）に引っ越す（um|ziehen）つもりはない（keine Lust haben）。

④ 彼が3時間しか（nur drei Stunden）寝て（schlafen）いない（現在完了形で）というのは本当
（wahr）だ。（Es ist ..., dass ... の文で）

⑤ 彼女はそのシャツ（Hemd, *n.*）を試着する（an|probieren）ために（um + zu不定詞）、店員
（Verkäuferin, *f.*）に話しかけ（an|sprechen）た。（過去形で）

3 （　　）の中に適切な関係代名詞を入れよ。

① Yannik gefällt der Hut sehr, (　　　　　　) er in Mailand gekauft hat.
② Die Leute, (　　　　　　) Theo vertraut, wollen ihn betrügen.
③ Die Frau, (　　　　　　) das Schiff gehört, ist sehr reich.
④ Wie heißt das Mädchen, (　　　　　　) dort fernsieht?
⑤ Der Zug, mit (　　　　　　) ich zur Arbeit fahre, ist immer voll.

4 **Peter**と**Katharina**の会話を聞き、（　　）内に適切な語を入れよ。また、下の設問で内容に合う
　ものを**A〜C**から選べ。　◀85

（Auf einer Party）

Peter:　　　Wer ist die Frau da?

Katharina:　Wen meinst du? Die Frau, (　　　　　　) Wein trinkt?

Peter:　　　Nein. Die kenne ich schon. Das ist Lisa. Ihr Mann ist ein berühmter Unternehmer,
　　　　　　(　　　　　　) verschiedene Firmen betreibt, oder?

Katharina:　Genau. Und der Junge, (　　　　　　) Pizza isst, ist ihr Sohn Maxi.

Peter:　　　Sohn? Ich dachte, (　　　　　　) Lisas Kind ein Mädchen ist.

Katharina:　Oh ja, der Name Maxi klingt sowohl männlich als auch weiblich. Übrigens, nach
　　　　　　wem wolltest du mich fragen?

Peter:　　　Die Frau, (　　　　　　) der Kellner Bier bringt.

Katharina:　Das ist Ida. Sie ist Ingenieurin.

① Von welcher Frau will Peter den Namen wissen?
　　A. Von der Frau, die Wein trinkt.
　　B. Von der Frau, die Pizza isst.
　　C. Von der Frau, der der Kellner Bier bringt.

② Was ist Lisas Mann von Beruf?
　　A. Unternehmer　　B. Kellner　　C. Ingenieur

③ Wer ist Maxi?
　　A. Lisas Tochter　　B. Lisas Sohn　　C. Lisas Mann

一番好きな食べ物 「私が一番好きな食べ物は〜」

Ich esse ＋ am liebsten ＋〈4格（無冠詞で）〉.

Was isst du am liebsten? - Ich esse am liebsten Steak.

肉	Fleisch *n.*	牛肉	Rindfleisch *n.*	豚肉	Schweinefleisch *n.*
鶏肉	Hühnerfleisch *n.*	ステーキ	Steak *n.*	ソーセージ	Wurst *f.*
白ソーセージ	Weißwurst *f.*	ミートローフ	Leberkäse *m.*	ルーラーデン（肉巻き）	Rouladen (*pl.*)
ローストビーフ	Rinderbraten *m.*	ローストチキン	Brathähnchen *n.*	シュニッツェル（仔牛のカツレツ）	Schnitzel *n.*
ベーコン	Speck *m.*	ハム	Schinken *m.*	ハンバーグ	Frikadelle *f.*
ハンバーガー	Hamburger *m.*	チーズ	Käse *m.*	バター	Butter *f.*
魚	Fisch *m.*	貝	Muschel *f.*	魚のフライ	Backfisch *m.*
鮭	Lachs *m.*	鱒	Forelle *f.*	エビ	Garnele *f.*
蟹	Krabbe *f.*	牡蠣	Auster *f.*	サラダ	Salat *m.*
野菜	Gemüse *n.*	トマト	Tomate *f.*	じゃがいも	Kartoffeln (*pl.*)
キャベツ	Kohl *m.*	きのこ	Pilz *m.*	アスパラガス	Spargel *m.*
玉ねぎ	Zwiebel *f.*	胡瓜	Gurke *f.*	ニンニク	Knoblauch *m.*
ナス	Aubergine *f.*	海藻	Seetang *m.*	果物	Obst *n.*
さくらんぼ	Kirsche *f.*	りんご	Apfel *m.*	梨	Birne f.
いちご	Erdbeere *f.*	メロン	Melone *f.*	ぶどう	Traube *f.*
オレンジ	Orange *f.*	あんず	Aprikose *f.*	パン	Brot *n.*
食パン	Toast *m.*	クロワッサン	Croissant *n.*	小さいパン	Brötchen *n.*, Semmel *f.*
ブレッツェル	Brezel *f.*	スープ	Suppe *f.*	グーラシュ（パプリカ粉のシチュー）	Gulasch *n./ m.*
アイントプフ（あり合わせの野菜とソーセージなどのスープ）	Eintopf *m.*	マウルタッシェ（水餃子風料理）	Maultasche *f.*	ザウアークラウト（キャベツの漬物）	Sauerkraut *n.*
卵	Ei *n.*	目玉焼き	Spiegelei *n.*	茹で卵	gekochtes Ei *n.*
オムレツ	Omelett *n.*	パスタ、麺類	Nudeln (*pl.*)	スパゲッティ	Spaghetti (*pl.*)
ケバブ	Kebab *m.*	ピザ	Pizza *f.*	ご飯	Reis *m.*
寿司	Sushi *n.*	すき焼き	Sukiyaki *n.*	カレーライス	Curryreis *m.*
フライドポテト	Pommes frites (*pl.*)	ポテトチップス	Chips (*pl.*)	スイーツ	Süßigkeiten (*pl.*)
ケーキ	Kuchen *m.*	飴	Bonbons (*pl.*)	チョコレート	Schokolade *f.*
クッキー	Plätzchen *n.*	ケーキ（クリームや果実入りの）	Torte *f.*	アイス	Eis *n.*

Kolumne 13 ヴァイナハツマン？　クリストキント？　サンタクロース？

　クリスマスにプレゼントを持ってくるのは誰でしょうか？　こんな質問を日本でするとしたら、十中八九「サンタクロース」という答えが返ってくるでしょう。しかし、ドイツで同じ質問をしたとすると、答えはヴァイナハツマン（Weihnachtsmann：「クリスマス男」の意）とクリストキント（Christkind：「幼子イエス」の意）の二つに分かれることでしょう。私たちの耳に馴染みのないこの二つの存在、そしてサンタクロースとはそもそもどのような起源を持っているのでしょうか？

　聖ニコラウスがサンタクロースのモデルとなっているという話は有名ですが、その聖ニコラウスがどのようにしてサンタクロースになっていったかという経緯についてはあまり知られていません。聖ニコラウスは現在のトルコにいた4世紀頃の人物で、貧者に施しをしたなどの理由により、キリスト教において聖人に列せられています。キリスト教には神やキリストの他に、キリスト教に貢献した人物を聖人として崇敬する習慣があります。聖ニコラウスの命日である12月6日も聖ニコラウスの日となり、子供たちがお菓子などのプレゼントをもらう日として祝われるようになりました。今でも多くのキリスト教圏ではクリスマスとは別にこの日を祝っています。

　その後、カトリックに異を唱えるプロテスタントが成立しますが，プロテスタントは聖人崇敬も否定するようになります。当然聖ニコラウスのことを讃える聖ニコラウスの日も、その例外ではないのですが、子どもたちがプレゼントをもらうことのできる、聖ニコラウスの日は子供たちにとても人気でした。プロテスタントの仕組みを作ったルターは人心を掴むために、クリスマスの日に幼子イエス（クリストキント）がプレゼントを持ってやってくるという習慣を考案します。ここにおいて、12月24日の晩にプレゼントをもらうという習慣が生まれます。当初は赤ん坊の姿であったクリストキントも、今では天使の格好をした金髪の女性のイメージがあるようです。

　その後、12月24日にプレゼントを贈る習慣がカトリック圏にも逆輸入され、そこで聖ニコラウスと結びつき、各地において様々なキャラクターがうまれます。サンタクロースやヴァイナハツマンもその一つです。『聖ニコラウスの訪問』（The Night Before Christmas）という詩では、聖ニコラウスが12月24日に子どもたちにプレゼントを配るという情景が描かれており、聖ニコラウスとサンタクロースがまだはっきりと分かれていなかった頃の姿を留めています。

　なお、ドイツのクリストキントファンには、ヴァイナハツマンやサンタクロースのことを、コカ・コーラの販促のための商業的存在に過ぎないとこき下ろす人もいるようですが、現在のサンタクロースが、トレードマークである赤い衣装を身につけるようになったのは、コカ・コーラが宣伝にサンタクロースを使うようになった1931年よりもさらに前のことであるようです。

クリストキント

©AnjaDuda/Shutterstock.com

Lektion 14 | 受動態

◀87

> 例文 **Was wird in Japan am liebsten gegessen?**
>   **- Das weiß ich nicht, aber Sauerkraut wird nicht gern gegessen.**

1 動作受動 B1レベル ◀88

・受動態はwerden＋過去分詞で作られる。

・過去分詞は文末に置かれ、枠構造を作る。

Man baut hier ein Haus. → Ein Haus **wird** hier **gebaut**.

練習 [   ] 内の動詞を使って受動態の文を作れ。

(1) Das Buch ＿＿＿＿＿＿＿ gern ＿＿＿＿＿＿＿ . [lesen]

(2) In diesem Institut ＿＿＿＿＿ Gentechnik ＿＿＿＿＿＿ . [studieren]

(3) Auf dem Markt ＿＿＿＿＿ verschiedene Fische ＿＿＿＿＿ . [verkaufen]

・「～によって」はvonで表される。 B2レベル

Frau Yamada hält das Referat heute. → Das Referat heute wird **von** Frau Yamada gehalten.

練習 次の文を受動態に変えよ。

(1) Der Wolf frisst Rotkäppchen. →

(2) Sie liebt dich. →

・過去形：werdenが過去形になる。

Heinrich Heine schrieb die Loreley. → Die Loreley **wurde** von Heinrich Heine **geschrieben**.

練習 [   ] 内の動詞を使って過去形の受動態の文を作れ。

(1) 1910 ＿＿＿＿＿ ein Komet ＿＿＿＿＿ . [betrachten]

(2) Der Druck mit beweglichen Lettern ＿＿＿＿＿ von Gutenberg ＿＿＿＿＿ . [erfinden]

・現在完了形：sein＋過去分詞＋wordenとなる。

Man hat neulich den Virus entdeckt. → Der Virus **ist** neulich **entdeckt worden**.

✎ 練習 [　　] 内の動詞を使って現在完了形の受動態の文を作れ。

(1) Die Berliner Mauer _____ 1989 _____ _____ . [öffnen]

(2) Die Täter _____ von der Polizei _____ . [fangen]

・受動態は一般に他動詞から作られるが、自動詞からも作ることができ、非人称受動と呼ばれる。
・非人称受動は人間の活動を表す動詞から作られ、活動が行われること自体に焦点を当てる。誰が行うかを表現しないための形であり、「受け身」ではない。
・文の主題になる語がなければ文頭に非人称主語のesが置かれる。

Hier tanzt man. → Hier wird getanzt.
Man tanzt.　→　Es wird getanzt.

✎ 練習 次の文を受動態に変えよ。

(1) Heute arbeitet man nicht. →

(2) Man singt laut. →

2 状態受動 B2レベル 🔊89

・sein＋過去分詞は過去に起こったことの結果が残っている状態を表し、状態受動と呼ばれる。

Die Tür ist geschlossen.（⇔ Die Tür wird geschlossen.）

✎ 練習 [　　] 内の動詞を使って現在形の状態受動の文を作れ。

(1) Wir _____ zum Essen _____ . [einladen]

(2) Das Ei _____ hart _____ . [kochen]

3 sein＋zu不定詞 B2レベル 🔊90

・sein＋zu不定詞は「～されねばならない」、「～されることができる」という受動の義務や受動の可能を表す。

Das Problem ist zu lösen.

・しばしば難易度を表す形容詞を伴って、「～されやすい」、「～されにくい」などを意味する。

Deutsch ist leicht zu lernen.
Das Buch ist schwer zu lesen.

Übungen

1 次の文章をカッコ内の指示に従って書き換えよ。

① Der Schüler fragt den Lehrer. （受動態に）
→ _____

② Ein Taschendieb stiehlt ihm das Portemonnaie. （受動態に）
→ _____

③ Das Gebäude wird durch das Erdbeben zerstört. （過去形に）
→ _____

④ Das Brot wird vom Bäcker gebacken. （現在完了形に）
→ _____

⑤ Das Auto wird repariert. （状態受動に）
→ _____

2 次の受動態の文章を能動態の文に変えよ。

① Sie wird oft von ihrem Lehrer gelobt.
→ _____

② Die Suppe wurde von meinem Vater gekocht.
→ _____

③ Die Patientin wurde durch eine Operation gerettet.
→ _____

④ Er ist von ihr geliebt worden.
→ _____

⑤ Die Sachertorte wird oft mit Sahne gegessen. （主語はman）
→ _____

3 （   ）の中の適切なものを選べ。

① Im （ Frühling / Herbst ） wird gern Spargel gegessen.
② Viele Opern sind wegen des Urlaubs im （ Februar / August ） geschlossen.
③ Vom （ September / Oktober ） bis zum （ Oktober / November ） wird das Oktoberfest gefeiert.

4 次の記事を参考にして、有名人の生年月日と死没年月日の文を作り、また、A〜Eのうち適切な文を選んで記号を [   ] に書け。
年月日は「日・月・年」の順番で書く。（日付→84ページ）

*は生年月日を、†は死没年月日を表す。

例 Albert Einstein	*14. 03. 1879 ウルム Ulm	†18. 04. 1955 プリンストン Princeton
① Hannah Arendt	*14. 10. 1906 ケーニヒスベルク Königsberg	†04. 12. 1975 ニューヨーク New York
② Johann Wolfgang von Goethe	*28. 08. 1749 フランクフルト Frankfurt	†22. 03. 1832 ワイマール Weimar
③ Robert Koch	*11. 12. 1843 クラウスタール Clausthal	†27. 05. 1910 バーデン=バーデン Baden-Baden
④ Elisabeth von Wittelsbach	*24. 12. 1837 ミュンヘン München	†10. 09. 1898 ジュネーヴ Genf

例　　　　　①　　　　　②　　　　　③　　　　　④

例　Albert Einstein *wurde am 14. März 1879 in Ulm geboren und starb am 18. April 1955 in Princeton.*　　　　　　　　　　[A]

① Hannah Arendt

　　　　　　　　　　　　　　　　　　　　　　　　　　　　[　]

② Johann Wolfgang von Goethe

　　　　　　　　　　　　　　　　　　　　　　　　　　　　[　]

③ Robert Koch

　　　　　　　　　　　　　　　　　　　　　　　　　　　　[　]

④ Elisabeth von Wittelsbach

　　　　　　　　　　　　　　　　　　　　　　　　　　　　[　]

A. Er war Physiker. Sein Hauptwerk ist die Relativitätstheorie.

B. Er war Arzt. Er entdeckte den Tuberkelbazillus.

C. Sie war Kaiserin von Österreich und ab 1867 Königin von Ungarn. Sie wurde Sissi genannt.

D. Er war Schriftsteller. Sein Werk „Die Leiden des jungen Werthers" wird noch immer gern gelesen.

E. Sie war politische Theoretikerin. Sie floh vor dem Nazionalsozialismus in die USA. Ihr Hauptwerk ist „Elemente und Ursprünge totaler Herrschaft".

自分について 表 現 してみよう 🔊91

生まれた年 「私は〜年に生まれた」

Ich bin ＋〈年号〉＋ geboren.

Wann bist du geboren? - Ich bin 2022 geboren.

誕生日 「私の誕生日は〜月…日だ」

Ich habe am〈序数〉＋〈月〉＋ Geburtstag.

Wann hast du Geburtstag?

- Ich habe am 1. Januar Geburtstag.

・日付には序数を使う。(基数→vページ)

序数

1. erst	11. elft	21. einundzwanzigst
2. zweit	12. zwölft	22. zweiundzwanzigst
3. dritt	13. dreizehnt	30. dreißigst
4. viert	14. vierzehnt	31. einunddreißigst
5. fünft	15. fünfzehnt	46. sechsundvierzigst
6. sechst	16. sechzehnt	78. achtundsiebzigst
7. siebt	17. siebzehnt	100. hundertst
8. acht	18. achtzehnt	1000. tausendst
9. neunt	19. neunzehnt	
10. zehnt	20. zwanzigst	

・「1月2日」はder zweite Januarと言う。(zweit-eの語尾→68ページ **1**)
・「3月4日に」はam vierten Märzと言う。(am viertenとはam vierten Tag「第4番目の日に」を意味する。)

月の名前

1月	Januar	5月	Mai	9月	September
2月	Februar	6月	Juni	10月	Oktober
3月	März	7月	Juli	11月	November
4月	April	8月	August	12月	Dezember

曜日の名前

月曜	Montag	木曜	Donnerstag	日曜	Sonntag
火曜	Dienstag	金曜	Freitag		
水曜	Mittwoch	土曜	Samstag / Sonnabend		

Kolumne 14　中世と二人の皇帝フリードリヒ

　「中世ヨーロッパ」といえばやはり騎士を思い浮かべることでしょう。高潔さを重んじ、魔王やドラゴンと戦い、お姫さまを救う。中世の騎士道物語は数多くのファンタジー作品の源泉となり、今日も映画やゲームによって日本を含む世界中で親しまれているテーマです。

　騎士道を最も強く連想させるのは十字軍遠征でしょう。聖地エルサレムの「奪還」を目指したキリスト教世界がイスラム勢力と繰り広げた一連の戦いは9回に及び、およそ150年間続きました。この時代、ドイツ文学史上重要な詩人であるヴァルター・フォン・デア・フォーゲルヴァイデが活躍し、十字軍遠征を歌った「パレスチナの歌」を残しています。中世の歴史は「ドイツらしさ」に欠かせない要素なのです。

　十字軍時代の神聖ローマ帝国（ドイツ）には個性的な皇帝も登場しました。第3回十字軍の総司令官だったフリードリヒ1世（バルバロッサ）はイングランド王リチャード1世（獅子心王）やフランス王フィリップ2世とともに出征し、イスラム軍に対して善戦しました。しかし、バルバロッサは小アジア（現在のトルコ）で川を渡る途中に溺死するという壮絶な死を遂げました。

　バルバロッサの孫、フリードリヒ2世は南イタリアのシチリア島で生まれました。当時のシチリア王国はキリスト教徒とイスラム教徒が暮らす多文化社会であり、このような環境で育ったフリードリヒはアラビア語に堪能だった異色のドイツ皇帝でした。第6回十字軍遠征に出発した皇帝はイスラム側と対話によって条約を締結。武力に頼らずエルサレムを獲得しました。異文化世界との共存によって栄光を手にしたフリードリヒはもはやドイツ史の枠組みに留まらず、まさに世界帝国ローマの皇帝というスケールにふさわしい人物といえるかもしれません。

　フリードリヒ2世の死後、「皇帝は実は死んでおらず、ドイツが危機に陥ると駆けつけてくる」という伝説が生まれました。これは後にバルバロッサと結び付けられ、祖国救援に来るのはバルバロッサだとされるようになりました。バルバロッサはドイツ・ナショナリズムのシンボルとして利用され、ナチス・ドイツのソビエト連邦に対する奇襲「バルバロッサ作戦」にもその名が使われました。

バルバロッサ

フリードリヒ2世

Lektion 15 | 接続法（その1）

例文
◀92
> **Wenn ich mehr Geld hätte, würde ich nicht mehr arbeiten.**

・接続法は現実ではない出来事を表す。（願望、伝聞、非現実の仮定など）
・接続法には第1式と第2式がある。

接続法第1式 ── 要求話法 「～しますように」「～したらいいのに」
間接話法 「～と（言っている）」
接続法第2式 ── 非現実話法 「もし～ならば、～だろう」

1 接続法第2式 B1レベル ◀93
・接続法第2式は過去形から作られる。人称変化語尾は過去形と同じ。
・不規則変化動詞は幹母音が変音する。
・過去基本形が-eで終わらない場合は-eを追加する。

sein（＞過去形war）

ich wäre	wir wären
du wär[e]st	ihr wär[e]t
er wäre	sie wären
Sie wären	

haben（＞過去形hatte）

ich hätte	wir hätten
du hättest	ihr hättet
er hätte	sie hätten
Sie hätten	

werden（＞過去形wurde）

ich würde	wir würden
du würdest	ihr würdet
er würde	sie würden
Sie würden	

・規則動詞とwollen, sollenは変音しない。（過去形と同形）

wollen（＞過去形wollte）

ich wollte	wir wollten
du wolltest	ihr wolltet
er wollte	sie wollten
Sie wollten	

sollen（＞過去形sollte）

ich sollte	wir sollten
du solltest	ihr solltet
er sollte	sie sollten
Sie sollten	

練習 könnenの接続法第2式を人称変化させよ。

ich	wir
du	ihr
er	sie
Sie	

・「もし～ならば」も「～だろうに」も、どちらも接続法第2式を使う。
・sein, haben, 話法の助動詞以外の動詞はwürde＋不定詞で表すことが多い。
　Wenn ich ein Vogel **wäre**, **würde** ich zu dir **fliegen**.

🖊 練習 ［　　］内の動詞を接続法第2式に変えて（　　）に入れよ。

(1) Wenn wir ein Smartphone (　　　　　　　　), (　　　　　　　　) wir den Weg finden. [haben, können]

(2) Wenn du Präsident (　　　　　　　), (　　　　　　　) die Welt besser werden. [sein, werden]

(3) Wenn ich den Schlüssel finden (　　　　　　), (　　　　　　) ich ins Haus kommen. [werden, können]

・wennを省略すると、「～ならば」を表す定動詞が文頭に置かれる。

　Hätte ich mehr Geld, würde ich nicht mehr arbeiten.

　Wäre ich ein Vogel, würde ich zu dir fliegen.

・過去の非現実は、haben/seinを接続法第2式にした「完了形」で表す。

　（すなわち、〈haben/seinの接続法第2式〉＋過去分詞）

　Wenn ich ein Vogel **gewesen wäre, wäre** ich zu dir **geflogen**.

　Wenn ich mehr Geld **gehabt hätte, hätte** ich nicht so viel **gearbeitet**.

🖊 練習 ［　　］内の動詞を接続法第2式の完了形に変えて下線に入れよ。

(1) Wenn ich mehr ＿＿＿＿＿ ＿＿＿＿＿, ＿＿＿＿＿ ich die Prüfung ＿＿＿＿＿.

　[lernen, bestehen]

(2) Wenn du schneller ＿＿＿＿＿ ＿＿＿＿＿, ＿＿＿＿＿ du die Sängerin ＿＿＿＿＿. [laufen, sehen]

・wennで導かれる文が独立して「～だったらいいのに」を表す。

・wennを省略すると、定動詞が文頭に置かれる。

　Wenn ich ein Vogel wäre!　＝　**Wäre** ich ein Vogel!

・「～ならば」を語や句だけで表すことがある。

　Ohne Liebe könnte ich nicht leben.

　Ich würde es nicht tun.

・als obは「～かのように」を意味し、しばしば接続法2式を用いる。

・obを省略すると、als＋定動詞の語順になる。

　Er tut immer so, **als ob** er viel zu tun **hätte**.

　　＝　Er tut immer so, **als hätte** er viel zu tun.

Übungen

1　並べ替えて文を完成させよ。

① 学校の近くに住んでいたら、こんなに早く起きずに済むのに。
(der Schule / von / würde / so / , / früh / in der Nähe / ich / wohnen / müsste / nicht / wenn / aufstehen / ich / .)

② そのノートパソコンがもっと安ければ買うんだけどなあ。
(der Laptop / ihn / kaufen / wenn / wäre / ich / , / würde / billiger / .)

③ 私だったらすぐにそのチケットを予約するだろうね。
(das Ticket / sofort / würde / reservieren / ich / .)

④ ヤンはまるで王様のような口ぶりだ。
(so / , / ob / wäre / König / er / spricht / als / Jan / ein / .)

⑤ 9月にミュンヘンに行けたらいいのに。
(September / wenn / München / ich / im / könnte / nach / reisen / !)

2　例にならって以下のドイツ語文を接続法2式で書き換えよ。

例 Herr Richter nimmt kein Taxi, denn er hat kein Geld.
　→ *Wenn Herr Richter Geld hätte, würde er ein Taxi nehmen.*

① Es regnet heute, deshalb kann ich nicht ausgehen.
→

② Die Wohnung ist teuer, deswegen miete ich sie nicht.
→

③ Weil Leon kein Auto hat, kann er seine Mutter nicht am Flughafen abholen.
→

④ Weil diese Stadt nicht reich an Natur ist, gefällt sie mir nicht.
→

3 例にならって以下の文を過去の非現実の文に直せ。

例 Wenn ich einen Fernseher hätte, würde ich die Serie sehen.
   → *Wenn ich einen Fernseher gehabt hätte, hätte ich die Serie gesehen.*

① Wenn ich mehr Zeit hätte, würde ich Italienisch lernen.

→

② Ohne das Wörterbuch würde ich den Roman nicht verstehen.

→

③ Ich würde nicht auf einen so hohen Berg steigen!

→

④ Wenn ich ihn gut kennen würde, würde ich ihn ansprechen.

→

4 次の日本語をドイツ語に訳せ。どの文にも接続法2式を使うこと。

① 私の車がもっと大き（groß）ければテント（Zelt, *n.*）を運べる（transportieren können）のに。

② ラウラ（Laura）が来るなら僕もパーティ（Party, *f.*）に参加する（an 事³ teil|nehmen）のに。

③ ダーヴィト（David）がお昼までに（bis zum Mittag）台所（Küche, *f.*）の掃除をして（putzen）くれたらなあ。

④ 上司（Chefin, *f.*）はまるで会社（Firma, *f.*）の代表者気取りで私たちに命令してくる（befehlen）。
   （←まるで会社を代表している（vertreten）かのごとく）

もしもの話 「もし好きなだけお金があれば、～するだろうに」
Wenn ich unerschöpflich viel Geld hätte, würde ich ... 〈不定詞〉.

Was würdest du machen, wenn du unerschöpflich viel Geld hättest?
- Wenn ich unerschöpflich viel Geld hätte, würde ich eine Weltreise machen.

世界旅行をする	eine Weltreise machen
宇宙旅行をする	eine Weltraumreise machen
家を買う	eine Wohnung kaufen
海外に住む	im Ausland wohnen
仕事をやめる	nicht mehr arbeiten
政治家になる	Politiker[in] werden
会社を買収する	eine Firma kaufen
起業する	Unternehmer[in] werden
グルメ三昧の生活をする	immer etwas Köstliches essen
プロスポーツチームを持つ	eine Profisportmannschaft besitzen
芸術家を育てる	Künstler betreuen
お金を配る	Geld verteilen
ゲームに心置きなく課金する	hemmungslos Geld für Spiele ausgeben
アイドルに投げ銭する	einem Idol-Mädchen (einem Idol-Jungen) im Internet Geld geben
山を買ってキャンプする	einen Berg kaufen und darauf Camping machen
琵琶湖をゼリーにしてみんなに配る	aus dem Biwa-See Gelee machen und es allen geben
津軽海峡に橋を架ける	eine Brücke über die Tsugaru-Meerenge bauen
富士山にエスカレーターを付ける	eine Rolltreppe auf den Fuji bauen

もしもの話 「もしどこにでも行けるドアがあれば、～に行くだろうに」
Wenn ich eine Überall-hin-Tür hätte, würde ich ... gehen.

Wohin würdest du gehen, wenn du eine Überall-hin-Tür hättest?
- Wenn ich eine Überall-hin-Tür hätte, würde ich zum Südpol gehen.

(36ページも参照)

ドイツへ	nach Deutschland	リヒテンシュタインへ	nach Liechtenstein
ベルギーへ	nach Belgien	オランダへ	in die Niederlande
フランスへ	nach Frankreich	イタリアへ	nach Italien
ポーランドへ	nach Polen	ハンガリーへ	nach Ungarn
ロシアへ	nach Russland	アメリカへ	nach Amerika
南極へ	zum Südpol	深海の底へ	auf den Boden einer Tiefsee
雲の上へ	auf eine Wolke	ピラミッドの中へ	in eine Pyramide
チョモランマの頂上へ	auf den Gipfel vom Everest	サハラ砂漠へ	in die Sahara-Wüste
月へ	auf den Mond	宇宙の果てへ	ans Ende des Universums

Kolumne 15 プラハ

　プラハはチェコ共和国の首都であり、中央ヨーロッパを訪れる日本人旅行客にも人気の観光地です。ベルリンが近代的な若々しさ、ウィーンが18世紀のバロック建築を特徴とするのに対し、プラハは中世の街並みで人々を魅了しています。現在はドイツ語圏には数えられませんが、かつては神聖ローマ帝国（ドイツ）やオーストリア帝国に属し、帝国の重要な都市として発展しました。

　16世紀に即位したハプスブルク家の皇帝ルドルフ2世はプラハに帝都を移し、芸術や学問の保護に情熱を注ぎました。彼の宮廷では占星術の研究が盛んで、「ケプラーの法則」で有名なヨハネス・ケプラーもルドルフに仕えた宮廷付き占星術師でした。また、占星術や錬金術の知識はユダヤ教の神秘思想とも結びつきました。当時の高名なユダヤ教聖職者で神秘思想家でもあったラビ・レーヴは、粘土の人造人間「ゴーレム」を作った人物として後世の伝説で語られています。ゴーレムは様々な創作の題材として好まれ、日本のゲーム作品などにも登場しています。このような歴史的背景から、プラハにはオカルティックなイメージがあり、古い街並みと相まって独特の魅力を醸しているのです。

　プラハのドイツ語文化の担い手は主にユダヤ人でした。特に有名なのはフランツ・カフカです。彼の作風である不条理や不気味さ、夢のような感覚はプラハの雰囲気に通ずるところがあります。同じくユダヤ人家庭に生まれたレオ・ペルッツは小説『夜毎に石の橋の下で』でルドルフ2世時代のプラハを幻想的に描きました。

　1919年にチェコスロヴァキアキアが独立し、チェコ語化政策を推進したこと、その後この地に侵攻したナチス・ドイツがユダヤ人を迫害したことから、プラハのドイツ語文化は衰退します。近年、プラハ・ドイツ語作家文学館はドイツ語作家のための奨学金プログラムを開始しました。これは、ドイツ語圏の作家を一定期間プラハに住まわせその生活を金銭的に支援するというもので、作家がプラハの街から着想を得て創作することを目的にしています。将来、プラハのような雰囲気を持つ作品が再びドイツ語文学の一ジャンルを形成するようになるのかもしれません。

プラハ

Lektion 16 | 接続法（その2）

例文
Der Arzt sagt, du seist schon gesund.

1 接続法第2式のさまざまな用法 📢96

· 接続法第2式は断言を避けた婉曲的な表現を作る。 A2レベル

  Ich **hätte** eine Bitte.「お願いがあるのですが」

· hätte gern＋4格「～がほしい」（＝ möchte [gern]＋4格）

  Ich **hätte** gern ein Glas Wasser.

📝練習 habenを接続法第2式に変えて（　　）に入れよ。

(1) Ich （　　　　　　　　　） eine Frage.

(2) （　　　　　　　　　） du gern diese Broschüre?

(3) Was （　　　　　　　　） Sie gern? - Ich （　　　　　　　　） gern ein Kilo Tomaten.

· würdeは「～するでしょう」という婉曲的な表現に用いられる。

  Ich **würde** sagen, das stimmt nicht.

  Ich glaube, er **würde** heute lieber nicht kommen.

· 「würde gern＋不定詞」「～したい」（＝「möchte [gern]＋不定詞」）

📝練習 werdenを接続法第2式に変えて（　　）に入れよ。

(1) （　　　　　　　　　） du gern mitkommen? - Ja, ich （　　　　　　　　） gern mitkommen.

(2) Ich （　　　　　　　　） gern Schauspieler werden.

· 丁寧な依頼・要求を表す接続法第2式

  Würden Sie mir bitte den Stift leihen?

  Könnte ich bitte Ihren Stift benutzen?

📝練習 [　　] 内の語を接続法第2式に変えて（　　）に入れよ。

(1) （　　　　　　　　） Sie bitte Ihren Namen buchstabieren? [werden]

(2) （　　　　　　　　） du mir bitte den Schlüssel geben? [werden]

(3) （　　　　　　　　） Sie mir bitte sagen, wo der Bahnhof ist? [können]

(4) （　　　　　　　　） ich bitte eine Tasse Kaffee haben? [können]

· 提案を表す接続法第2式「あなたは～したほうがいい」

  Du **solltest** das Zimmer aufräumen.

  Sie **sollten** weniger trinken.

✏️ 練習 sollenを接続法第2式に変えて（　　）に入れよ。

（1）Du （　　　　　　　　） dich warm anziehen.

（2）Sie （　　　　　　　　） den Professor nach der Prüfung fragen.

2 接続法第1式 🔊97

・接続法第1式は不定詞から作られる。 B2レベル

sein	
ich sei	wir seien
du sei[e]st	ihr seiet
er sei	sie seien
Sie seien	

haben	
ich habe	wir haben
du habest	ihr habet
er habe	sie haben
Sie haben	

können	
ich könne	wir können
du könnest	ihr könnet
er könne	sie können
Sie können	

・seinの変化は特殊である。

・間接話法は基本的に接続法第1式で表す。

Er sagt: „Ich bin müde.“

→ Er sagt, er sei müde. / Er sagt, dass er müde sei.

・接続法第1式が直説法と同形の場合は接続法第2式を用いる。

Er fragt uns: „Habt ihr Zeit?“

→ Er fragt uns, ob wir Zeit haben. → Er fragt uns, ob wir Zeit hätten.

✏️ 練習 次の文を接続法第1式の間接話法に変えよ。

（1）Der Premierminister meint: „Die Wirtschaft wird besser.“

→ Der Premierminister meint, _____ .

（2）Meine Mutter sagt zu mir: „Du bist Genie.“

→ Meine Mutter sagt zu mir, _____ .

（3）Die Reisende fragt: „Wo kann ich eine Eintrittskarte kaufen?“

→ Die Reisende fragt, _____ .

3 要求話法 🔊98

・接続法1式は3人称の主語に対する話し手の願望を表す。

・「私は～することを望む」という意味を含む。

Vater unser im Himmel,

geheiligt werde dein Name,

dein Reich komme.

Gott sei Dank!

Grüß Gott!

Übungen

1 下の文を読み、問題に答えよ。

In Märchen tritt oft der Wolf auf, wie z.B. in „Rotkäppchen". Im 18. Jahrhundert war der Wolf jedoch in Deutschland ausgerottet.

Um das Jahr 2000 kam aber der Wolf allmählich nach Deutschland zurück. Manche kritisieren, dass die Zahl der Wölfe zunimmt.

Einige behaupten, der Wolf fresse zwar Nutztiere, aber am liebsten wilde Tiere. Man könne mit den Zäunen die Nutztiere schützen. Derzeit ist es verboten, Wölfe ohne Erlaubnis abzuschießen.

Andere sagen, die Wölfe töten jährlich über 2.500 Nutztiere. Zäune hülfen nicht immer. Man sollte Wölfe leichter abschießen können.

① 下線の文章を直接引用の文に書き換えて、下の引用符に入れよ。

Einige behaupten, „

                                          " .

② 以下の文の内容が本文に合致していれば richtig に、合致していなければ falsch にチェックを入れよ。

1. Derzeit gibt es in Deutschland keine Wölfe.   ☐ richtig   ☐ falsch
2. Alle freuen sich darüber, dass die Zahl der Wölfe zunimmt.   ☐ richtig   ☐ falsch
3. Die Wölfe in Deutschland fressen Nutztiere.   ☐ richtig   ☐ falsch
4. Man darf ohne Erlaubnis keine Wöfle abschießen.   ☐ richtig   ☐ falsch

2 次の日本語をドイツ語に訳せ。どの文にも接続法第2式を使うこと。

① どうか（bitte）もっとゆっくりと（langsamer）話してくれませんか？（←あなたは、どうか、もっとゆっくり話すだろうwürdeか）

② ビール1杯と白ワイン1杯お願いします。（←私たちは一つのビールと一つの白ワイン ein Weißwein, m. が欲しい hätte gern）

③ コンサートが何時に始まるか知りたいのですが。（←私は何時にコンサートKonzert, n. が始まる beginnenかを知りたい）

④ 週末、時間あるかな？（←君はひょっとしてvielleicht週末に時間を持つだろうか）

3 メニューを参考にして、(　　) に好きなものを入れて注文をせよ。後半の**Kellnerin**のお金の計算もすること。

Getränke				Omelette	7,50 €
Apfelsaft	(*m.*)	2,90 €		Kartoffelsalat	5,00 €
Mineralwasser	(*n.*)	2,70 €		Gurkensalat	3,10 €
Cola	(*f.*)	2,80 €		Frittatensuppe	7,50 €
Weißwein	(*m.*)	4,30 €			
Rotwein	(*m.*)	4,30 €		**Hauptgerichte**	
Bier	(*n.*)	3,20 €		Bratwurst	4,20 €
				Wiener Schnitzel	14,00 €
Vorspeisen				Gulasch	11,50 €
Gegrillte Champignons		3,90 €		Tafelspitz	16,00 €
Tomaten mit Mozzarella		8,20 €		Rinderroulade	16,90 €

Frittatensuppe

Kartoffelsalat

Wiener Schnitzel

Gulasch

A:　　　　Entschuldigung! Die Speisekarte bitte.

Kellnerin: Bitte schön. Was trinken Sie?

A:　　　　Hm, ich nehme ein ___ (　　　　　　　　　　　).

B:　　　　Ich hätte gerne ein ___ (　　　　　　　　　　).

Kellnerin: Was möchten Sie zum Essen bestellen?

A:　　　　Ich möchte (　　　　　　　　　) als Vorspeise und (　　　　　　　　　　).

B:　　　　Für mich (　　　　　　　　　) und (　　　　　　　　　) bitte.

Kellnerin: Gut, danke.

　　…

B:　　　　Entschuldigung! Wir möchten bezahlen.

Kellnerin: Gerne. Zusammen oder getrennt?

B:　　　　Zusammen, bitte.

Kellnerin: Ja, einen Moment bitte. Das macht (　　　　　　　　　).

B:　　　　(　　　　　　　　　) Euro. Stimmt so*.

*ドイツ語圏ではチップを払う習慣がある。会計時に店員から告げられた金額に対し、きりのいい数字に切り上げて払い、„Stimmt so." (これで計算は合っている、お釣りはいらない) と言うのがよい。チップの目安は金額の5〜10%。

自分について 表現 してみよう 🔊99

なりたいもの 「私は～になりたい」 Ich würde gern ... werden.

　　Was würdest du gern werden?

　　　- Ich würde gern Schauspieler[in] werden.

俳優	Schauspieler/in	歌手	Sänger/in
スポーツ選手	Sportler/in	サッカー選手	Fußballspieler/in
音楽家	Musiker/in	芸術家	Künstler/in
ピアニスト	Pianist/in	指揮者	Dirigent/in
レスラー	Ringer/in	ボクサー	Boxer/in
芸人	Unterhalter/in	アナウンサー	Ansager/in
アイドル	Idolsänger/in	プロデューサー	Produzent/in
宇宙飛行士	Astronaut/in	総理大臣	Premierminister/in
キングメーカー	Königsmacher/in	F1レーサー	Formel-1（eins）-Fahrer/in
平凡な会社員	normaler Angestellter/normale Angestellte		
主夫	Hausmann	主婦	Hausfrau
古本屋	Antiquariar/in	骨董商	Antiquitätenhändler/in
羊飼い	Schäfer/in	灯台守	Leuchtturmwächter/in
社長夫人	die Frau eines Firmenchefs	社長の夫	der Mann einer Firmenchefin
王子様	Prinz	お姫様	Prinzessin
隠居	Ruheständler/in	のらくら者	Faulenzer/in
石油王	Ölmagnat/in	地主	Gutsbesitzer/in
スパイ	Spion/in	忍者	Ninja
スーパーヒーロー	Superheld/in	魔法使い	Zauberer/Zauberin
貝	eine Muschel *f.*	鳥	ein Vogel *m.*
猫	eine Katze *f.*	カブト虫	ein Käfer *m.*
狼	ein Wolf *m.*	亀	eine Schildkröte *f.*
熊	ein Bär *m.*	山椒魚	ein Salamander *m.*
蜘蛛	eine Spinne *f.*	蛸	ein Krake *m.* または *f.*
龍	ein Drache *m.*	ペガサス	ein Pegasus *m.*
人狼	ein Werwolf/eine Werwölfin	妖精	eine Fee *f.*
木	ein Baum *m.*	草	ein Gras *n.*
星	ein Stern *m.*	雲	eine Wolke *f.*
石	ein Stein *m.*	風	Wind *m.*

Kolumne 16 ドイツと熊

　ハリボーのグミやベルリンのシンボルなど、ドイツでは様々なところに熊（Bär）のデザインが使われています。またBärenhunger（クマの空腹→転じて「ひどい空腹」の意）やBärendienst（クマのお手伝い→転じて「迷惑なおせっかい」の意）などといった慣用句にも熊は登場してきますが、実はドイツにおいて熊は1838年に絶滅してしまったといわれています。

　それから64年が経った1902年に人類と熊の関係を大きく変える二つの大きな出来事が、偶然同時期に起こります。一つ目の出来事の主人公は第25代アメリカ大統領のセオドア・ルーズベルトです。1902年の秋、趣味の熊狩りに出た彼は、年老いた熊を見つけました。同行したハンターは止めを刺すようにルーズベルトに促しましたが、彼はスポーツマンシップにもとるとして、その熊を撃つことを拒否しました。その逸話が新聞記事となり、その時の挿絵に載っている熊の絵は人気を博しました。それに触発されたモリス・ミットルはさっそく熊のぬいぐるみを作り、そのぬいぐるみに「テディベア」という名前を付けて販売をする許可をルーズベルトに求めます（テディ（Teddy）というのは「セオドア（Theodore）」という名の短縮形）。ここにクマのぬいぐるみに対する「テディベア」という呼称が生まれたのです。

　二つ目の出来事の主人公はドイツのリヒャルト・シュタイフです。世界初のぬいぐるみメーカーであるシュタイフ社の創業者の甥であるリヒャルトは、1902年に腕と足を動かすことのできる、毛足の長いモヘアの熊のぬいぐるみを設計します。これがもっとも有名なテディベアとして知られる「55PB」となりました。シュタイフのぬいぐるみは海を渡り、イギリスでも愛され、『クマのプーさん』の挿絵画家であるE・H・シェパードはシュタイフのテディベアをプーのデザインのモデルとしました。

　テディベアという名前が生まれたのと、世界で最も有名なテディベアが生まれたのは奇しくも同じ年の出来事だったのです。

　シュタイフの55PBは、一般的なものよりマズル（口の周りの突起している部分）が強調された作りになっています。かわいさだけではなく、熊そのもののリアルさも同時に追求して、デザインされたということが感じられます。その後、テディベアデザインの潮流は、野性味を排除した人間的なものへと移り変わっていきます。

　人間から恐れられる存在から、愛玩される存在へ、そして現在では環境保護の一環として憐れむべき存在となった熊。2006年ヨーロッパ東部からバイエルンへやってきた迷い熊のブルーノが射殺される際には、多くの非難が寄せられました。今後人類と熊の関係はどのようなものに変化していくのでしょうか。

Steiff社のGeorgiaというモデル。55PBの特徴を引き継いでいる。

レベル別文法項目索引

関係副詞［扱わず］

nichtの位置・部分否定［扱わず］

機能動詞［扱わず］

造語（-ung, -nisなど、複合語）［扱わず］

分詞の付加語的用法［扱わず］

je＋比較級 ... desto＋比較級［扱わず］

不定代名詞 man-eines – einem - einen、niemand – niemandes- niemandem - niemanden など［扱わず］

相関接続詞（sowohl ... als auchなど）［扱わず］

心態詞（wohl, schon, doch, dennなど）［扱わず］

主要不規則動詞変化表

不定詞		直説法現在	過去基本形	接続法第 II 式	過去分詞
backen （パンなどを）焼く	*du* *er*	bäckst (backst) bäckt (backt)	**backte** **(buk)**	backte (büke)	**gebacken**
befehlen 命令する	*du* *er*	befiehlst befiehlt	**befahl**	befähle/ beföhle	**befohlen**
beginnen 始める、始まる			**begann**	begänne/ begönne	**begonnen**
bieten 提供する			**bot**	böte	**geboten**
binden 結ぶ			**band**	bände	**gebunden**
bitten 頼む			**bat**	bäte	**gebeten**
bleiben とどまる			**blieb**	bliebe	**geblieben**
braten （肉などを）焼く	*du* *er*	brätst brät	**briet**	briete	**gebraten**
brechen 破る、折る	*du* *er*	brichst bricht	**brach**	bräche	**gebrochen**
brennen 燃える			**brannte**	brennte	**gebrannt**
bringen 運ぶ、持ってくる			**brachte**	brächte	**gebracht**
denken 考える			**dachte**	dächte	**gedacht**
dürfen …してもよい	*ich* *du* *er*	darf darfst darf	**durfte**	dürfte	**gedurft/** **dürfen**
empfehlen 推薦する	*du* *er*	empfiehlst empfiehlt	**empfahl**	empföhle/ empfähle	**empfohlen**
erschrecken 驚く	*du* *er*	erschrickst erschrickt	**erschrak**	erschräke/ erschreckte	**erschrocken**
essen 食べる	*du* *er*	isst isst	**aß**	äße	**gegessen**
fahren （乗物で）行く	*du* *er*	fährst fährt	**fuhr**	führe	**gefahren**
fallen 落ちる	*du* *er*	fällst fällt	**fiel**	fiele	**gefallen**

不定詞		直説法現在	過去基本形	接続法第Ⅱ式	過去分詞
fangen 捕える	du er	fängst fängt	fing	finge	gefangen
finden 見つける			fand	fände	gefunden
fliegen 飛ぶ			flog	flöge	geflogen
fliehen 逃げる			floh	flöhe	geflohen
fließen 流れる			floss	flösse	geflossen
frieren 凍る			fror	fröre	gefroren
geben 与える	du er	gibst gibt	gab	gäbe	gegeben
gehen 行く			ging	ginge	gegangen
gelingen 成功する			gelang	gelänge	gelungen
gelten 値する、有効である	du er	giltst gilt	galt	gölte	gegolten
genießen 享受する、楽しむ			genoss	genösse	genossen
geschehen 起こる	es	geschieht	geschah	geschähe	geschehen
gewinnen 獲得する、勝つ			gewann	gewönne/ gewänne	gewonnen
graben 掘る	du er	gräbst gräbt	grub	grübe	gegraben
greifen つかむ			griff	griffe	gegriffen
haben 持っている	ich du er	habe hast hat	hatte	hätte	gehabt
halten 持って（つかんで）いる	du	hältst	hielt	hielte	gehalten
hängen 掛っている			hing	hinge	gehangen
heben 持ち上げる			hob	höbe	gehoben

不定詞		直説法現在	過去基本形	接続法第Ⅱ式	過去分詞
heißen …と呼ばれる、という名前である			**hieß**	hieße	**geheißen**
helfen 助ける	*du* *er*	hilfst hilft	**half**	hülfe/ hälfe	**geholfen**
kennen 知る			**kannte**	kennte	**gekannt**
kommen 来る			**kam**	käme	**gekommen**
können …できる	*ich* *du* *er*	kann kannst kann	**konnte**	könnte	**gekonnt** (können)
laden (荷を)積む	*du* *er*	lädst lädt	**lud**	lüde	**geladen**
lassen …させる	*du* *er*	lässt lässt	**ließ**	ließe	**gelassen** (lassen)
laufen 走る	*du* *er*	läufst läuft	**lief**	liefe	**gelaufen**
leiden 悩む、苦しむ			**litt**	litte	**gelitten**
leihen 貸す、借りる			**lieh**	liehe	**geliehen**
lesen 読む	*du* *er*	liest liest	**las**	läse	**gelesen**
liegen 横たわっている			**lag**	läge	**gelegen**
lügen うそをつく			**log**	löge	**gelogen**
messen 測る	*du* *er*	misst misst	**maß**	mäße	**gemessen**
mögen …かもしれない	*ich* *du* *er*	mag magst mag	**mochte**	möchte	**gemocht** (mögen)
müssen …ねばならない	*ich* *du* *er*	muss musst muss	**musste**	müsste	**gemusst** (müssen)
nehmen 取る	*du* *er*	nimmst nimmt	**nahm**	nähme	**genommen**
nennen …と呼ぶ			**nannte**	nennte	**genannt**

不定詞		直説法現在	過去基本形	接続法第Ⅱ式	過去分詞
raten 助言する	du er	rätst rät	riet	riete	geraten
reißen 引きちぎる	du er	reißt reißt	riss	risse	gerissen
reiten （馬で）行く			ritt	ritte	geritten
rennen 走る			rannte	rennte	gerannt
rufen 叫ぶ、呼ぶ			rief	riefe	gerufen
schaffen 創造する			schuf	schüfe	geschaffen
scheinen 輝く、思われる			schien	schiene	geschienen
schieben 押す			schob	schöbe	geschoben
schießen 撃つ			schoss	schösse	geschossen
schlafen 眠っている	du er	schläfst schläft	schlief	schliefe	geschlafen
schlagen 打つ	du er	schlägst schlägt	schlug	schlüge	geschlagen
schließen 閉じる			schloss	schlösse	geschlossen
schmelzen 溶ける	du er	schmilzt schmilzt	schmolz	schmölze	geschmolzen
schneiden 切る			schnitt	schnitte	geschnitten
schreiben 書く			schrieb	schriebe	geschrieben
schreien 叫ぶ			schrie	schrie	geschrien
schweigen 沈黙する			schwieg	schwiege	geschwiegen
schwimmen 泳ぐ			schwamm	schwömme	geschwommen
schwinden 消える			schwand	schwände	geschwunden

不定詞		直説法現在	過去基本形	接続法第Ⅱ式	過去分詞
sehen 見る	du er	siehst sieht	sah	sähe	gesehen
sein …である	ich du er wir ihr sie	bin bist ist sind seid sind	war	wäre	gewesen
senden 送る (、放送する)			sandte/ sendete	sendete	gesandt/ gesendet
singen 歌う			sang	sänge	gesungen
sinken 沈む			sank	sänke	gesunken
sitzen 座っている	du er	sitzt sitzt	saß	säße	gesessen
sollen …すべきである	ich du er	soll sollst soll	sollte	sollte	gesollt (sollen)
sprechen 話す	du er	sprichst spricht	sprach	spräche	gesprochen
springen 跳ぶ			sprang	spränge	gesprungen
stechen 刺す	du er	stichst sticht	stach	stäche	gestochen
stehen 立っている			stand	stände/ stünde	gestanden
stehlen 盗む	du er	stiehlst stiehlt	stahl	stähle/ stöhle	gestohlen
steigen 登る			stieg	stiege	gestiegen
sterben 死ぬ	du er	stirbst stirbt	starb	stürbe	gestorben
stoßen 突く	du er	stößt stößt	stieß	stieße	gestoßen
streichen なでる			strich	striche	gestrichen
streiten 争う			stritt	stritte	gestritten

不定詞		直説法現在	過去基本形	接続法第Ⅱ式	過去分詞
tragen 運ぶ	*du* *er*	trägst trägt	**trug**	trüge	**getragen**
treffen 当たる、会う	*du* *er*	triffst trifft	**traf**	träfe	**getroffen**
treiben 追う			**trieb**	triebe	**getrieben**
treten 歩む、踏む	*du* *er*	trittst tritt	**trat**	träte	**getreten**
trinken 飲む			**trank**	tränke	**getrunken**
tun する	*ich* *du* *er*	tue tust tut	**tat**	täte	**getan**
vergessen 忘れる	*du* *er*	vergisst vergisst	**vergaß**	vergäße	**vergessen**
verlieren 失う			**verlor**	verlöre	**verloren**
wachsen 成長する	*du* *er*	wächst wächst	**wuchs**	wüchse	**gewachsen**
waschen 洗う	*du* *er*	wäschst wäscht	**wusch**	wüsche	**gewaschen**
wenden 向ける（、裏返す）			**wandte/** **wendete**	wendete	**gewandt/** **gewendet**
werben 得ようと努める	*du* *er*	wirbst wirbt	**warb**	würbe	**geworben**
werden …になる	*du* *er*	wirst wird	**wurde**	würde	**geworden** **(worden)**
werfen 投げる	*du* *er*	wirfst wirft	**warf**	würfe	**geworfen**
wissen 知る	*ich* *du* *er*	weiß weißt weiß	**wusste**	wüsste	**gewusst**
wollen …しようと思う	*ich* *du* *er*	will willst will	**wollte**	wollte	**gewollt** **(wollen)**
ziehen 引く、移動する			**zog**	zöge	**gezogen**
zwingen 強要する			**zwang**	zwänge	**gezwungen**

フリューゲル ― CEFR を意識したドイツ語文法

検印
省略

© 2022 年 1 月 25 日　　初 版 発 行

著者　　　　　　　　　　　清　水　翔　太
　　　　　　　　　　　　　嶋　﨑　　啓
　　　　　　　　　　　　　小　原　森　生

発行者　　　　　　　　　　原　　雅　久

発行所　　　　　株式会社 朝 日 出 版 社
　　　　〒 101-0065 東京都千代田区西神田 3-3-5
　　　　　　電話 (03) 3239-0271・72 （直通）
　　　　　　　　https://www.asahipress.com
　　　　　　　　　　明昌堂／信毎書籍印刷

ISBN978-4-255-25448-7 C1084

MEMO

規則変化動詞人称変化語尾

現在形

ich	-e	wir	-en
du	-st	ihr	-t
er	-t	sie	-en
	Sie	-en	

過去形／接続法第1式・第2式

ich	-	wir	-n
du	-st	du	-t
er	-	er	-n
	Sie	-n	

規則変化動詞 lieben

現在形

ich	liebe	wir	lieben
du	liebst	ihr	liebt
er	liebt	sie	lieben
	Sie	lieben	

現在完了形

ich	habe	geliebt	wir	haben	geliebt
du	hast	geliebt	ihr	habt	geliebt
er	hat	geliebt	sie	haben	geliebt
	Sie	haben	geliebt		

過去形

ich	liebte	wir	liebten
du	liebtest	ihr	liebtet
er	liebte	sie	liebten
	Sie	liebten	

過去完了形

ich	hatte	geliebt	wir	hatten	geliebt
du	hattest	geliebt	ihr	hattet	geliebt
er	hatte	geliebt	sie	hatten	geliebt
	Sie	hatten	geliebt		

未来形

ich	werde	lieben	wir	werden	lieben
du	wirst	lieben	ihr	werdet	lieben
er	wird	lieben	sie	werden	lieben
	Sie werden lieben				

命令形

duに対して：Lieb[e]!
ihrに対して：Liebt!
Sieに対して：Lieben Sie!

未来完了形

ich	werde	geliebt	haben	wir	werden	geliebt	haben
du	wirst	geliebt	haben	ihr	werdet	geliebt	haben
er	wird	geliebt	haben	sie	werden	geliebt	haben
	Sie	werden	geliebt	haben			

接続法第1式

ich	liebe	wir	lieben
du	liebest	ihr	liebet
er	liebe	sie	lieben
	Sie	lieben	

接続法第1式完了（過去）

ich	habe	geliebt	wir	haben	geliebt
du	habest	geliebt	ihr	habet	geliebt
er	habe	geliebt	sie	haben	geliebt
	Sie	haben	geliebt		

接続法第2式

ich	liebte	wir	liebten
du	liebtest	ihr	liebtet
er	liebte	sie	liebten
	Sie	liebten	

接続法第2式完了（過去）

ich	hätte	geliebt	wir	hätten	geliebt
du	hättest	geliebt	ihr	hättet	geliebt
er	hätte	geliebt	sie	hätten	geliebt
	Sie	hätten	geliebt		

受動態現在

ich	werde	geliebt	wir	werden	geliebt
du	wirst	geliebt	ihr	werdet	geliebt
er	wird	geliebt	sie	werden	geliebt
	Sie	werden	geliebt		

受動態過去形

ich	wurde	geliebt	wir	wurden	geliebt
du	wurdest	geliebt	ihr	wurdet	geliebt
er	wurde	geliebt	sie	wurden	geliebt
	Sie	wurden	geliebt		

受動態現在完了形

ich	bin	geliebt	worden	wir	sind	geliebt	worden
du	bist	geliebt	worden	ihr	seid	geliebt	worden
er	ist	geliebt	worden	sie	sind	geliebt	worden
			Sie sind geliebt worden				

sein

現在形

ich	bin		wir	sind
du	bist		ihr	seid
er	ist		sie	sind
		Sie sind		

過去形

ich	war		wir	waren
du	warst		ihr	wart
er	war		sie	waren
		Sie waren		

接続法第1式

ich	sei		wir	seien
du	sei[e]st		ihr	seiet
er	sei		sie	seien
		Sie seien		

接続法第2式

ich	wäre		wir	wären
du	wär[e]st		ihr	wär[e]t
er	wäre		sie	wären
		Sie wären		

haben

現在形

ich	habe		wir	haben
du	hast		ihr	habt
er	hat		sie	haben
		Sie haben		

過去形

ich	hatte		wir	hatten
du	hattest		ihr	hattet
er	hatte		sie	hatten
		Sie hatten		

接続法第1式

ich	habe		wir	haben
du	habest		ihr	habet
er	habe		sie	haben
		Sie haben		

接続法第2式

ich	hätte		wir	hätten
du	hättest		ihr	hättet
er	hätte		sie	hätten
		Sie hätten		

werden

現在形

ich	werde		wir	werden
du	wirst		ihr	werdet
er	wird		sie	werden
		Sie werden		

過去形

ich	wurde		wir	wurden
du	wurdest		ihr	wurdet
er	wurde		sie	wurden
		Sie wurden		

接続法第1式

ich	werde		wir	werden
du	werdest		ihr	werdet
er	werde		sie	werden
		Sie werden		

接続法第2式

ich	würde		wir	würden
du	würdest		ihr	würdet
er	würde		sie	würden
		Sie würden